MUJERES EN CLAVES

Compilado por
Miriam Mejía

Mujeres en claves
Compilado por Miriam Mejía

© 2010

ISBN 978-0-9816086-6-2

Diseño gráfico, tipografía y portada por Patricia Alvarez

Una publicación de Guapané, www.guapane.com
Impreso en los Estados Unidos de América.

Guapané, www.guapane.com
New York

Contenido

PRÓLOGO

La presencia de las mujeres en tiempos y espacios, ha sido permanente y contundente, sin embargo cuando nuestros ojos se fijan en los textos históricos es muy notable la ausencia de sus aportes a esta civilización no envidiable, pero nuestra.

La vida cotidiana de hombres y mujeres tiene magia, pero esa magia hay que captarla como las imágenes de una cámara fotográfica.

Es para hacer una gran fiesta, saber que mujeres de diferentes espacios, sentimientos, colores, olores, sabores, tienen la energía, la voluntad la inteligencia las ganas de hacer un convite y compartir sus claves vitales, las cuales nacen lejos muy lejos desde nuestra Gran madre, y luego las Maestras, que somos todas, las que están en este texto y las que no están.

Ser parte de un esfuerzo maravilloso y cotidiano, que trasciende mares, y que invita a la alegría de saberse individualidad y colectivo, saberse parte de un colectivo que provoca sabiduría, generosidad y sobre todo libertad, que como dice, Marcela Lagarde " nos abocamos a transformar radicalmente el mundo, cada una precisa, así mismo, cambiar radicalmente. Para las feministas, cada mujer es la causa del feminismo. Cada mujer tiene el derecho autoproclamado a tener derechos, recursos y condiciones para desarrollarse y vivir en democracia. Cada mujer tiene derecho a vivir en libertad y a gozar de la vida", es aquí donde se experimenta el coraje registrado en papel para ir rompiendo con esa invisibilidad histórica que por un desequilibrio de la autoestima masculina, han producido los filósofos y escritores masculinos.

Venecia Pineda

HISTORIA DE ESTE LIBRO

La historia del nacimiento de *"Mujeres en clave"* ha sido un proceso plural y democrático entre mujeres. A saber, en Marzo del 2009, un grupo de mujeres dominicanas que residimos en New York, estuvimos participando en el XI Encuentro Feminista Latinoamericano y del Caribe en la Ciudad de México. Durante cinco días, del 16 al 20 estuvimos inmersas en talleres, plenarias, foros, exposiciones, conversatorios y presentaciones artísticas relativas a la temática central del Encuentro la cual tuvo su eje en los fundamentalismos. Cito al comité Coordinador del Encuentro: "hemos elegido el tema de los fundamentalismos porque sabemos que las posturas fundamentalistas aumentan las situaciones de vulnerabilidad en las que vivimos las mujeres. El ejercicio del poder establecido por estas posturas incide directamente en la vitalizacion del sistema patriarcal. Las ideas fundamentalistas afectan la toma de decisiones sobre nuestro cuerpo, nuestra sexualidad y nuestra vida, al mismo tiempo que debilitan y fragmentan las estructuras sociales que alimentan los movimientos emancipatorios". Las largas jornadas escudriñando sobre la temática se hacían cortas dentro de la maravilla del compartir con tantas y diversas compañeras feministas.

En el penúltimo día del Encuentro, caminando entre el bullicio, la risa, las solidaridades de cientos de mujeres del continente, desplazándose por el empedrado casco histórico de la capital mexicana, un libro color ladrillo casi confundido con el ladrillo mismo donde estaba ubicado, atrajo mi atención:

Cuadernos Inacabados…

me acerco un poco más…

48

Para mis socias de la vida…

me inclino, lo tomo en mis manos…

CLAVES

…el poderío y la autonomía de las mujeres

FEMINISTAS

…los liderazgos entrañables

…¿pero y este título tan largo y tan enigmático? me digo para mis adentros.

PARA…

…las negociaciones en el amor

Pregunto por el precio. Simbólico contesta la vendedora, es una verdadera joya. Se lo recomiendo, es uno de los mejores libros de nuestra Marcela Lagarde. Lléveselo no se va a arrepentir...bla, bla, bla… Leo, leo, leo, el libro me atrapa sutilmente, se adueña de mi. La vendedora me regresa a la realidad, ¿lo compra? Como autómata pago y prosigo mi camino. Paro…leo…camino…leo caminando…camino leyendo. Llego a la habitación del hotel. Me deshago del pesado bulto de libros y materiales del encuentro y con avidez me sumerjo en el caudal de sabiduría que emana ininterrumpido desde cada nuevo párrafo. El sortilegio no se rompe hasta agotar la ultima página donde despacio leo: "Hay que reconocer que la mayor parte de las mujeres de nuestro mundo somos mezcla de lo que fue y ya no es con lo que está siendo y será. Somos sincréticas. Todas. Es una condición de las mujeres contemporáneas por la enormidad de cambios que hemos vivido y seguimos viviendo… que nos aliente saber que no hay medios ni hay plazos, ni hay un tiempo fijado para llegar a la meta. Solo nos toca caminar".

No podría precisar en cuantas horas terminé la lectura de las 485 páginas, sólo sé que fueron pocas. Durante ese lapso de tiempo de comunión con mi libro, la idea de poder discutir su contenido con otras mujeres empezó a inquietarme. Llamadas por aquí, consultas por allá, atosigué a mis amigas más cercanas con mis comentarios y por fin la idea devino en un espacio en la red bajo el nombre de "Claves-feministas. Invité a unas 25 compañeras a ser parte del grupo y 17 respondieron afirmativamente. En ese nuevo espacio cibernético el compartir el contenido del libro se hizo realidad.

Entonces puedo decir que este libro *Mujeres en claves* surgió en el proceso de lectura colectiva del libro de Marcela Lagarde. Es contentivo de un proceso interesante entre mujeres feministas que han realizado un esfuerzo intelectual de autonombramiento, base esencial para nutrir liderazgos diferentes y no autoritarios. Cada una de las catorce historias, engloban un mundo de esfuerzos, desafíos, logros, tristezas, alegrías, solidaridades, complicidades, de donde emerge contundente el legado que han dejado otras mujeres en sus vidas.

"Mujeres en clave" contiene además una selección aleatoria de algunas de las claves feministas analizadas por Lagarde en su libro, mi libro. Es una forma de seguir compartiendo con las mujeres de nuestro entorno esos aportes tan significativos y que son definitivamente una herramienta útil para el logro de "avances posibles en la vida de cada una". Luego de su lectura no lo guardes, compártelo con otras mujeres, para continuar tejiendo las maravillas de nuestras propias claves.

CLAVE I

"La individualidad es el núcleo de la autonomía… Para construir la individualidad es preciso identificar que tan especificas somos…Uno de los mecanismos más difíciles de vencer es el lenguaje estereotipado en torno al parto. Siendo el parto una experiencia vital para millones de mujeres, personalmente complicada y diferente, se vuelve un enunciado en el que no pasó nada y en el que las mujeres acaban olvidando la especificidad de cada parto.

En el discurso del parto, como las mujeres no pueden ser heroicas, deben ser modestas e invisibles. Porque el parto es el espacio de nacimiento del otro, las mujeres se invisibilizan y ya no es mi "parto". ¿Existe que las mujeres parimos como? Pues con contracciones, con dolor, etc., y la experiencia tan personal y tan única como el parto acaba siendo anulada y se vuelve una experiencia de género en la que no hay individualidad. Tenemos que aprender a parir con individualidad, con historia única en cada parto. Sin sentirnos exhibicionistas, construir con nosotras la especificidad y no reforzar la ética de la invisibilidad-yo le llamo la ética de la sombra-con que nos han educado. Nos enseñan a ser sombras y a sentirnos mal si resaltamos cosas propias; sobre todo en los aspectos existenciales y, en cambio, a sentirnos bien si son aspectos estéticos o de obediencia".
Marcela Lagarde y de los Rios. Cuadernos Inacabados, 48 Claves Feministas para mis socias de la vida

BETHANIA ALBA (LIBRE COMO LA LUNA….)

Soy la niña Chiquita de una familia de 11 hermanitos. Nací un 21 de Diciembre de 1974. Hija de José R. Alba y Mercedes Taveras. Debido al tamaño de la familia y la diferencia en tiempos y edades puedo decir que crecí dentro de tres diferentes generaciones, ya que la diferencia entre mi hermano mayor y yo es de 30 años. Mis cuatro hermanos eran los mayores de la casa y con tres de ellos no tuve mucho contacto (hasta hace unos 10 años) porque ellos emigraron a los Estados Unidos cuando yo aún era muy pequeña. Mis seis hermanas eran más cercanas a mí y aunque algunas también diferíamos en edades y estatus civiles nos mantuvimos siempre mas unidas a través de los años. A mí por ser la última de la partida, mi papi me mimaba más y me llamaba el nidal.

Cuando no "estaba en la Luna" como mis hermanas solían decir, vivía en un pueblecito llamado Uveral. Tuve muchos nombres, desde "Bebe (apodo exclusivo de mi tío Eligio), Mica (según mi mama porque era flaca y hacia musarañas como los micos), Sonámbula (el preferido de mis hermanas por la misma razón de que vivía en la luna) Tanguito (otorgado por mi papá, porque como esas hormiguitas me gustaba pellizcar) etc. También se me conocía por muchos otros atributos tales como: "más flaca que un saca-teclas", "más mala que el gas morao", "más lenta que un suero de miel de abejas", "Voy a mandar a buscar la muerte contigo, para que nunca llegue' y la lista podría alargarse mucho más.

El primer evento en mi vida que recuerdo fue la muerte de mi hermanita Inmaculada, quien murió cuando yo tenía como dos años. Mi hermanita había nacido con el síndrome de Down y murió a los 9 meses de vida. Recuerdo que mi tío Eligio me llevó a la sala donde la estaban velando y me dijo, "bebe tu hermanita se murió" no entendía mucho entonces pero recuerdo haberme sentido inmensamente triste y todavía puedo palpar ese sentimiento cada vez que me llega a la memoria.

Luego recuerdo cuando empecé la escuela a los 6 años de edad, en lo que en el campo le llamaban Primero "atrasao" y que en la ciudad le decían "Pre-primario o jardín infantil o cariñosamente "Kinder Gato". En el primer día de clases conocí a mi primera amiguita, Dominga, quien en un instante me actualizó, dándome una clase intensiva de la vida. Me explicó acerca de los novios, la sexualidad y hasta cómo nacen los niños.

Mi escuela quedaba lejos pero me iba caminando con mi prima Yily quien estaba en 4to curso, pero que luego alcancé porque la pobre se quemaba todos los años. Yily era todo un personaje, una de la rutina con Yily era pelear todos los días después de la escuela, sin saber con quién ni por qué. Muy parecido al sentido de las guerras entre países. Siempre me consideré miedosa y detestaba tener la obligación de pelear, pero donde manda capitán no opina soldado. El día más feliz en ese momento fue cuando la líder del otro bando llegó un día y dijo que la guerra había terminado, ya que ella iba hacer la primera comunión y en la catequesis le habían prohibido los pleitos.

En mis primeros cursos no recuerdo el haber hecho tareas o ponerme a estudiar, hasta que en 4to al igual que Yily, tuve a punto de "quemarme". Ya que según dice un refrán popular el que anda con cojos(as), al año cojea. Gracias a Dios que durante los exámenes finales mi hermana Miguelina se compadeció de mi frustración y me hizo un resumen del cuaderno y así pude pasar de curso. Después de ese susto comenzaron mis años de niña aplicada.

Se puede decir, que soy el retrato de mi mami, tímida de nombre pero "tiguerona" por naturaleza, compasiva, pero no pendeja, burlona (de la vida, pocas veces de los seres humanos) pero sana. Tengo el corazón de mi papi, dulce y sin malicia, muy fiel pero un tanto intolerante. Todavía lloro en el cine y hasta con los muñequitos, pero se me hace bien difícil perdonar y perdonarme los errores (sigo trabajando fuertemente en eso). No tengo muchos amigos y amigas, pero soy excelente escogiéndolos. Los cuido como antigüedades y aunque casi siempre se me olvidan sus cumple, no se me escapan de mis pensares.

Mi niñez me la pasaba jugando en el patio y siguiendo a mi tío Eligio a todos lados. Eligio siempre hizo el papel de papá y mama. Me lavaba los pies cada noche antes de acostarme, me rascaba las orejas para llamarme el sueño y me hacia historietas de sus antepasados "que en pa' que 'ten". Siempre pensé que "en pa'queten" era el apellido de algún familiar, luego entendí que se refería a familiares y amigos en la otra vida y quería decir "que en paz que estén". Cada noche antes de acostarme, sin saber por qué me ponía a llorar, tal vez para que Eligio me mimara. Recuerdo que Eligio me decía: "¿Bebe por qué lloras? tu mamá está viva, tu papá está vivo….esas palabras me hacían apretar el llanto, tal vez porque al mismo tiempo me compadecía del pobre Eligio quien perdió a sus padres cuando todavía era un niño.

Antes de que mis padres se fueran a vivir a los estados unidos, ya me había instalado en casa de mi hermano mayor, como una forma de irme preparando para no sentir la falta. Mi hermano Rafelo, su esposa y su hija Olga me adoptaron como a otra hija y me cuidaban asegurándose que me sintiera a gusto en su casa. El día que mi mama se marchó fue como un velorio en mi casa, cada una de mis hermanas la lloraba en diferentes rincones del patio y la casa. Desde mis 10 añitos me comprometí a huirle al sufrimiento y por eso no lloré por mi mama y ni siquiera me despedí. De acuerdo a mis hermanas yo era la más fuerte de todas, tal vez por esos comentarios me atreví a perforarme mis propias orejitas para ponerme mis "areticos" al cumplir los 7 años.

Mis años de adolescencia fueron una mezcla de sentimientos encontrados. Después de 7 años de vivir sin mis padres y 4 sin mis hermanas, finalmente me reencuentro con ellos en el verano del 1992. Aunque mi primera impresión de NY fue: ¿Que? ¿Y esto es? la vida me comenzó a sonreír. Aun viviendo 6 personas en un apartamento de una habitación mi deseo de estar con mi propia familia se comenzó a consumar. Aunque extrañaba inmensamente a mi tío Eligio y a mi sobrina/hermanita postiza Olga, me sentía feliz de estar aquí.

En el Verano del '92 comencé la High School en clases de verano para apresurar el inglés. En ese mismo año, empecé mi primer trabajito de verano (8 semanitas) ganando a $4.25 la hora, lo que me generaba unos $220 dólares cada "dos" semanas los cuales casi siempre debía antes de cobrarlos. Ese verano fue inolvidable, conocí mucha gente importante en mi vida y visite muchos lugares. Me llevaron a Los Lagos, Montaña del oso, Estatua de la Libertad, paseo en helicóptero, paseos todos, cortesía de los múltiples enamorados de mi hermana Rafaela. En la H.S. hice muchos buenos amigos los cuales aún conservo. Con ellos viví recuerdos muy gratos y también grandes decepciones escolares, ya que una gran parte de ellos compartieron conmigo la frustración de tener que repetir un año de escuela para mejorar el idioma antes de llegar a la universidad. Pero en general, las experiencias y los amigos que encontré no los cambio por nada.

Un poco antes de cumplir un año en el país y después de creer que la pesadilla de las separaciones había terminado, mis padres decidieron regresar a la República para descansar sus últimos años (entonces mi papá ya tenía como 77 años y mi mamá 63). Nuevamente me quedaba huérfana y la familia volvía a estar desunida.

Después de otros 6 años muere mi papá en la República Dominicana, mientras yo estoy vacacionando libremente en Cancún. El golpe fue muy duro y viajé inmediatamente en mi condición de sonámbula a aceptar una de las noticias más fuertes que he recibido. En ese momento, me sentí miserable por no haber estado a su lado cuando el terrible derrame cerebral le robó los últimos minutos de vida. Luego empecé a aceptar la bendición de haber podido compartir con él por dos semanas, dos meses antes de su muerte. Ya sin mi papi se me reducían los mimos y la idea de crecer comenzaron a fluir por mi cabeza. El mismo año apuré los estudios y me gradué de la universidad con el propósito de irme a la República a pasar una temporada con mi mamá y recuperar parte de los años perdidos. Así pase con ella 4 meses que me facilitaron reencontrarme conmigo misma y me ayudaron a cerrar capítulos inconclusos.

Independientemente de todo lo que he vivido, considero que mi vida está llena de milagros y vivo eternamente en deuda con el universo. Siempre me he considerado dichosa y la suerte me persigue. Y como todo esto es un desahogo, les quiero hablar de todo, e incluso de mis amores, para ir desalojando las maletas. Bueno me considero una mujer apasionada, muy bendecida con grandes amores. Y como dice la canción: "Los amores que he tenido, pasa el tiempo y hoy los vuelvo a recordar..." Bueno me limitaré a decir que en mi corto repertorio he disfrutado, amores lentos, amores intensos, amores que matan, amores completos ...

Ahora entiendo que no hay forma de amar profundamente a alguien, si antes no te amas a ti misma. Gracias a mi falta de amor propio y lagunas interiores fui incapaz de amar a manos llenas, pero al mismo tiempo me libré de aferrarme a relaciones intensas, mágicas, pero enfermizas. Después de varios años de vivir como una montaña rusa, pero mucho más contenta conmigo misma, conocí a quien es ahora mi esposo. Un hombre tierno, cariñoso, apasionado, trabajador, inteligente y divertido. Pero más que todo, un hombre honesto y comprensivo que me apoya y me acepta tal cual soy. Aunque en aquel entonces yo no sabía nada de afirmaciones, Kevin era exactamente el hombre que cada noche describía en mis oraciones. Llegó como caído del cielo a llenar todos los vacíos y por primera vez me aferré a alguien sin temer a caer. A medida que me quiero más a mi misma, me doy cuenta que lo quiero intensamente. El, mi hijo y la criatura que llevo en mi vientre, son la mejor medicina para levantarme cada mañana y entregarme a la vida con una sonrisa.

En general, soy una gran admiradora de los brazos humildes que aunque cansados siempre me han dado la mano con su ejemplo de perseverancia y buena voluntad. Por un buen tiempo le presté mis ojos a mis amigos ciegos de varias organizaciones, pero un día me di cuenta que la ciega era otra.

Entre las cosas que más me han costado están: el encontrarme con mi primer amor (el amor a mi misma), dejar de criticarme y sentirme merecedora de los grandes y pequeños regalos de la vida. Gracias a mis parientes postizos, Louise Hay & Dr. Wayne Dyer y a mis compañeras de lectura del grupo ALMA por todo su constante apoyo, hoy me siento más relajada, feliz de ser mujer y comprometida a transmitir la maravilla de nuestra herencia.

Entre mis grandes logros, he aprendido a dar gracias por todo y a todos(as) y a entender que el miedo hay que sentirlo pero desafiarlo. "Que siempre fue más feliz quien más amo" (como dice José-José) que es necesario "vivir la extrema tristeza para apreciar la extrema felicidad" y "que el camino más largo empieza con el primer paso".

Entre mis metas a corto plazo están: trabajar menos y delegar más, disfrutar a mis niños y estar más presente conmigo misma y mi pareja. Dejar de ver en mi compañero, (a quien considero un ángel) todas las cosas que me molestan de mi misma. Pero mi meta principal es llegar a la final satisfecha y en paz con Dios.

CLAVE II

"La palabra amor viene del latín. Significa vivo afecto o inclinación hacia una persona o cosa. Porque no solamente amamos personas sino también amamos animales, amamos a la Naturaleza, amamos objetos entrañables que tienen para nosotras un significado. También amamos procesos individuales o colectivos. Amamos causas filosóficas, causas políticas, causas sociales.

El amor es una experiencia de relación con el mundo. Es una experiencia de aprehensión del mundo. Y también es una experiencia de aprehensión del yo misma. Por el amor me relaciono con el mundo y, al mismo tiempo, conmigo misma en una relación intima, interna, yoica. Esta experiencia del amor propio es una clave fundamental. Es necesario que cada vez un mayor número de nosotras podamos decir y digamos: me amo. Amo a otras personas, amo al mundo y amo lo que hacen en el mundo otras personas. Y me amo a mi misma.

El amor es una experiencia vital. Esa es una característica. Es también una experiencia constante. No es que amemos durante un ratito y después ya no. Podemos hacer interrupciones, podemos ponernos en "vacaciones de amor" con una persona, pero el amor es una experiencia constante. El amor es una experiencia vital y constante que nos coloca ante el mundo, ante la gente, ante la vida. Sin amor no es posible la vida. El amor es una experiencia movilizadora, nos mueve a actuar, a crear acontecimientos-a trascender-, a transformar el mundo. Y a trasformar nuestra vida, que es lo más importante en el mundo. El amor no sólo nos hace vivir, sino trascender. El amor es la más vital y trascendental de todas las experiencias humanas". _Marcela Lagarde y de los Ríos. Cuadernos Inacabados, 48 Claves Feministas para mis socias de la vida_

PATRICIA MERCEDES ÁLVAREZ MEJÍA

Soy Patricia Mercedes Álvarez Mejía y mi apodo es Patty. Según me cuenta mi Mamá mi primer nombre lo escogió por el aprecio a una gran amiga. A quien luego convirtió en su comadre y por tanto en mi madrina. Mi segundo nombre lo heredo de mi abuela paterna. Llegué a éste mundo por la abertura de una cesárea, con el día y hora planificadas: Viernes 15 de Septiembre, 1978, 7 de la mañana en una clínica de la capital Dominicana bajo los cuidados de dos doctores con mi mismo apellido. Me siento afortunada de que mis padres sean Luis Álvarez y Miriam Mejía, dos amigos, dos seres especiales a quienes profeso un cariño inmenso. Soy la mayor y única mujer entre tres hermanos. Siento orgullo de ser la hermana de Luis Ernesto (Neto) a quien apodo el oso bueno y Luis Eduardo (Gualo) el flaco bueno.

Cuando pequeña, mami y papi atendieron mi creatividad y me inscribieron en Escuela Nueva, escuela de la que guardo gratos recuerdos. También me registraron en una clase de pintura para niños y niñas. Ahí creció mi amor por el arte. Recuerdo que una vez, en la clase de arte miraba a una colección de las pinturas de los niños y niñas mayores que yo y en mi mente de niña pensé, "yo también quiero pintar esas sirenitas". Y las pinté con la intención de pintar mi sirenita igual o mejor de las que estaban en la pared. Ese impulso de perfeccionar mi arte todavía lo cargo hasta hoy y me trae satisfacción.

Aquí en los Estados Unidos, continué mi trayectoria artística. Asistí a una universidad del sistema estatal de donde me gradué de diseño grafico y en eso estoy trabajando hasta hoy. He tenido la oportunidad de trabajar en proyectos importantes e interesantes. Como diseñadora profesional, y con el cariño de hija, diseño los libros de la buena Miriam Mejía. Publicados con mi pequeña compañía Guapané, cuyo nombre tiene su historia, a saber. Un día todavía viviendo en Republica Dominicana mis hermanos y yo estábamos jugando y se nos ocurrió abrir una tienda para vender nuestros juguetes usados. Y teníamos que nombrar la tienda. "¿tienda Pati Neto Gualo?, no, ¿tienda PaNeGua?, no suena bien, ¿tienda Guapané? SI". Así surgió el nombre de lo que es hoy mi compañía de diseño gráfico.

Me gusta viajar y conocer lugares y así me he ido lejos por los caminos del mundo. Disfruto regresar a mi República Dominicana, andar sus carreteras conociendo o reconociendo sus hermosos rincones. Comer un yaniqueque, saborear un dulce tres leches (desafiando mi intolerancia a la lactosa) o ver como se ordeña una vaca. Me fascina la comida de diferentes culturas. Oír música y jugar juegos electrónicos cuando mi ocupado tiempo me lo permite. Me gustan las plantas. Tengo muchas y variadas. En verano disfruto sembrando vegetales.

Siempre me ha gustado montar bicicletas. Recientemente ando encaramada en mi nueva "bici" roja que en Verano me lleva y me trae de la casa al trabajo y viceversa. Un regalo de cumpleaños con mucho amor y afección de parte de mi pareja Tony Marfil. Un hombre bueno y comprensivo, que me hace feliz.

CLAVE III

"Insistiré todo el tiempo en que debemos reforzar la identificación positiva de género como un recurso político. No es una identificación nada más porque somos mujeres sino porque somos mujeres que aspiramos a todas las cosas que aspiramos. Y otro punto clave es aprender a poner límites en lo que llevamos a lo común. Muchas veces mezclamos asuntos privados reivindicando que para nosotras no hay una separación. Me parece que no la hay porque nosotras mismas sintetizamos todo el día y todo el tiempo una mezcla de lo público y lo privado, pero no debemos pretender que nuestros asuntos privados sean asuntos del común en los movimientos, las organizaciones y los espacios. Para eso tenemos que poner límites entre lo que es privado y lo que es político, porque hay quienes pretenden hacer pasar como asuntos comunes sus asuntos personales que no tienen mucho que ver con la causa. Además, debemos aprender a no mezclar los asuntos privados a la manera tradicional, superponiendo las reacciones de algunas mujeres, potenciando poderes inaccesibles y manejando a discreción reglas de poder no visibles, por ejemplo lo que se llaman liderazgos ocultos.

Existen varios tipo de liderazgos, formales e informales. Hay quienes tienen liderazgos reconocidos a los que llegan por mecanismo de votos o de elección; pero hay quien mano por debajo, tiene un liderazgo más fuerte y lo está usando para entorpecer el desarrollo de otros liderazgos. Entonces el interés privado de esa persona, ese grupo o esa institución está haciendo ruido y lastima la organización, el movimiento y el proceso.

Otra clave es no usar derechos de cercanía sino derechos de ciudadanía. Por ejemplo, a veces en los liderazgos se favorece a alguna amiga. Eso es usar derechos de cercanía, amiguismo, madrinazgo o nepotismo. Una cosa es que necesitamos apoyarnos solidariamente entre nosotras unas a las otras y otra muy distinta, usar la cercanía en sustitución de la ciudadanía. Necesitamos hacer relaciones ciudadanas entre nosotras donde quiera que estemos, con reglas normas, responsabilidades, deberes, derechos y objetivos. La clave consiste en dejar de manejarnos con confianzas intimas y, aunque las tengamos, es muy importante poner reglas claras, lúcidas, trasparentes y públicas para no sobrecargar la relación política de las mujeres". *Marcela Lagarde y de los Ríos. Cuadernos Inacabados, 48 Claves Feministas para mis socias de la vida*

NELLY CHALAS

Soy la quinta de una familia de 8 hermanas y 4 hermanos. Mis hermanas, son muy especiales para mí en ellas las hay alegres, trabajadoras, responsables, solidarias y todas muy hermosas. Unas más que otras son mis compinches y las considero grandes amigas. . De mis hermanos y hermanas de padre y madre, el último y el primero son hombres, considerados como una especie de regalo de Dios. Mis hermanos están ahí, son muy dedicados a los estudios, sus negocios, la política y sus familias propias. Lo de la política es asunto de familia, a las 5 de la mañana se escuchan noticias, los programas Radio Comercial y Radio Mil, eran el insumo para los comentarios en la noche, que casi siempre terminaban con el sueño de Papá sentado en su mecedora. Como tantas familias sufrimos la represión en los doce años de Balaguer.

Tengo la dicha de tener mi madre y mi padre. Mi madre, de ojos pequeños y claros, baja estatura, con las manos más suaves que he conocido, por lo general tranquila y algo tímida. Ha sido el impulso para esta familia, por ella estudiamos, aprendimos a cuidarnos, siempre ha defendido los derechos de las mujeres y es muy sensible frente a cualquier injusticia. Papá dice que es culpa de ella que seamos mujeres que les gusta gobernarse. Cada cumpleaños nuestro es su fiesta. Es solidaria, nunca se queja de nada, solo sabe comprender y dar. Mi queja con ella es que es demasiado buena. Esa es la estrella de la familia. Era la modista de la comunidad, hacia ropas de mujeres y hombres, era una de las dos personas que ponían inyecciones, hacia gran parte de los dulces que se vendían de las bodegas, trabajaba en la casa y sacaba tiempo para todas las tardes ponerse un vestido con cinturón apretadito y algo de maquillaje. Ya está mayorcita pero sus ojos, sus manos y su gran corazón no han cambiado.

Mi padre, también es parte de mi aunque ha hecho miles de diabluras de macho, en nuestros primeros años fue una figura muy importante, siempre ha estado ahí. Es de una familia muy alegre y vital, jocosa, han vivido siempre en condiciones de pobreza extrema. Mulato de ojos negros y labios gruesos. Es un agricultor consagrado. La montaña es su vida. Hace un año que está viviendo en el pueblo de Ocoa, casi por nuestras presiones y viaja frecuentemente. No sabemos cuántos años tiene pero pasa de los 80. Siempre habla del futuro y del porvenir. El amor al trabajo lo distingue, dice que no se debe esperar el sol en la cama porque eso aturde y que si las manos no producen lo que el cuerpo necesita, la tierra debe de encargarse de ellas.

Nací en noviembre, con ayuda de mamá Beatriz, como le llamábamos quienes habíamos sido recibidas por ella y de verdad que éramos muchas personas, pues durante algo más de 40 años desempeñó con amor y entrega su labor de partera o comadrona. Hace poco me contaron que esta mujer llegó de La Vega muy joven con su marido. La conocí cuando tenía 4 años, con el nacimiento de mi penúltima hermana, ella llego por varios días a la casa. Recuerdo que tenía las manos más arrugadas que he visto, con una suavidad solo parecidas a las de mama, pero con los dedos más alargados y finos. Con ojos azules, de mirada profunda y tierna, usaba vestidos de buena-tuta, señal de que guardaba una promesa, de cuadritos azules, blancos y grises, perfectamente planchado y limpio, su pelo blanco y abundante recogido en un moño alto de dama elegante, me parecía más bella que la virgen de Altagracia que teníamos colgaba en la Sala, siempre estaba sonriente y con mucha paz. Aunque me hablaba poco, me gustaba estar cerca de ella, tan solo de verla me sentía segura en aquellos momentos que mamá se dedicaba a recuperarse y a la nueva criatura. En esas circunstancias, era una de las pocas que ella disfrutaba de atenciones especiales. Mamá Beatriz preparaba con esmero sopas, maltas y panes tostados para la parida, pero siempre nos brindaba a las más pequeñas, por lo que yo también disfruté. Yo le pasaba plumas para aceitar el plan, así supe de la virtud de sus manos.

Tuve la suerte de nacer en la comunidad El Rosalito, de San José de Ocoa, ubicada en la región sur, comunidad de altas montañas, siempre verdes, con temperatura fresca y hasta un poco de frío en invierno, con las casas de madera y muchos colores, lejanas unas de las otras, casi siempre los cafetales las separaban, pero las personas se sentían cercanas. Se compartían comidas, algunos productos como huevos, carne, leche, víveres, entre otros. Todo esto era especie de hilo conductor de las vidas de las personas, creo que había muy pocas cosas de las familias que no fueran de conocimiento de toda la comunidad. Todo se sabía y se comentaba de inmediato. Allí viví hasta los 8 años y me mantuve viajando durante todas las vacaciones, todos los veranos y las navidades hasta los 16. Aun no ha llegado el desarrollo hasta allá, es totalmente rural, no tiene energía eléctrica, ni agua de tubería y el acceso es un empinado camino vecinal. Allí permanecen algunos de mis familiares paternos y no parecen extrañar nada fuera de este lugar.

Mi infancia fue maravillosa, entre risas, cuentos, travesuras, caminatas, excesos de comidas, primos y primas, aunque trabajos duros con los animales y los cultivos. Cuando tenía 6 años me regalaron a mi madrina y padrino, el día que me bautizaron, porque tenían 4 varones y querían una hembra, esa era yo. Vivían en el pueblo en una casa amplia y muy hermosa, tenían una de las tiendas más importantes, un carro rojo grande, que en esos años eran contados, con una larga culebra de tela verde de adorno el asiento de atrás. Desde que se supuso que era su hija, me compraron hermosos vestidos zapatos y muchas cintas para el pelo, me asignaron un lugar en la mesa para comer, y una habitación para dormir. Por poquito me vuelvo medio rica. Pero allí faltaban los cuentos de muertos en las noches en casa de la abuela Luisa, el dormir 6 ó 7 en una misma habitación, faltaban las caras pícaras de algunas de mis hermanas, las burlas a mi hermana mayor por ser la "comparona" de la familia, faltaba mi primo Juan que era nuestro protector y que tenía por sueños ser Mocano y Chofer, no podía caminar sobre las amplias y sedosas alfombras que formaban las hojas secas de café. Por todo y eso y más me volví a ir el primer día que me encontré con mamá que había venido a hacer compras, y ni siquiera les visité jamás. Que "malagradecida", me imagino que dijeron. Los vestidos, los zapatos y las cintas, mucho me ayudaron para un buen recibimiento, para que me regalaran dulces de coco y mentas, fregaran por mí y hasta me evitaron pleitos de mamá por no fregar las vacinillas (orinales), pues los negociaba con mis primas y una de mis hermanas.

Siempre recuerdo el día que nos mudamos al pueblo, era de madrugada, esa era mejor hora para partir porque la gente estaba durmiendo y así la pena era menor, otros dicen que así no se ve lo que se lleva. Fuimos a pies hasta el río porque los mulos llevaban la mudanza, la luna estaba brillante, sentíamos su compañía hasta que cruzamos el río, porque ahí nos esperaba un Jeep, que repleto de trastes, víveres y algunas plantas en latas se fue con nosotras y desde ese día, aunque viajábamos siempre al campo ya no era lo mismo.

Ahora me doy cuenta que esta comunidad es más importante para mí de lo que imaginé, hablar de ella es una deuda que tengo conmigo misma. Solo quiero que sepan que es una comunidad mágica, en cada familia había al menos un personaje del cual se podría escribir muchísimo. Mamá Beatriz era uno de esos fantásticos.

Me gusta la música, las plantas, el mar, los animales, la comida, los vinos y el baile aunque se bailar muy poco. Me encanta escuchar a personas hablar de sus vidas y sus experiencias, por eso he leído extasiada las presentaciones de cada una de ustedes. Es mucho lo que he recibido en este escuchar experiencias y sabidurías de otras personas.

Todo lo bueno que se dice de la amistad para mi es insuficiente. Tengo algunas amigas de toda la vida, dos de ellas las conocí siendo niña, cuando estaba en la escuela primaria (Iris y Argentina). Otras, la vida me las regaló hace muchos años: Ángela, Graciela, Elsa, entre otras. Estas han sido para mi alegría, soporte en los momentos difíciles, me han ayudado a crecer y a vivir.

Tengo una hija de 22 años, Ana Luz y un hijo de 16, Carlos, estos son parte de mi amor, de mi realización personal, mi alegría, compromisos y preocupaciones, aunque son muy diferentes se aman mucho. Estoy muy orgullosa de ambos, son muy sensibles, amorosos, artistas, inteligentes, cada uno tiene tantas cosas de las que he debido aprender. Con ellos mi capacidad de amar se ha expandido y es una experiencia que aun estoy viviendo, aprendiendo, con sus altas y bajas. Tengo una pareja, con la cual he compartido durante más de dos décadas todo tipo de situaciones: nos hemos apoyado y creo que nos hemos amado. Tengo una nieta hermosísima, a sus pocos meses se proyecta como una gran mujer.

Estudié economía en la Universidad Autónoma de Santo Domingo. He realizado estudios en formulación y evaluación de proyectos, desarrollo local y metodología de investigación. Todo esto me ha permitido además de aprender, aportar en distintos espacios. Desde hace dos décadas he venido trabajando en la ONG, CE-MUJER, este espacio ha sido importantísimo en muchos aspectos de mi vida. Sobretodo he aprendido muchísimo y he disfrutado inmensamente. Aquí he aprendido a valorarme y aceptarme más, y a valorar y entender la vida de otras mujeres.

De muy pequeña fui conociendo de la solidaridad: cuando íbamos a la escuela, en el Rosalito, algunas de las compañeras no tenían zapatos por lo que iban descalzas, aunque con mucha vergüenza, como no teníamos para regalarles, nos quitábamos los zapatos y los dejábamos es su casa, así todas íbamos iguales.

No sólo esto, conocí mi primer año de escuela. Cuadernos nuevos y vestidos de organdí y nailon hechos por mamá, zapatos de charol. La escuela quedaba muy lejos de la casa, ir era una verdadera travesía, como íbamos en grupo, sentíamos muy poco esta distancia, entre juegos, comer guayabas de la cercas del camino, comentar los últimos acontecimientos y chismes. A veces un primo nos montaba por ratos en su caballito lo que hacía aun más placentero el viaje. Uno de esos primeros días un compadre de mamá, el padrino de mi segunda hermana, se ofreció a apoyarnos llevándonos montada en su caballo un buen tramo del camino, yo era de las más pequeñas, por lo que tenía la preferencia, además de que me apretaba del pecho. A pocos ratos de montarme sentí que éste respiraba excitado y sentía que se esforzaba por estar más cerca de mí, entonces le dije que parara y me bajara. Tenía un poco, más de 6 años y siempre recuerdo esto. Desde ese día cuando le veía sentía mucha rabia, aunque fue ya adulta cuando comenté eso con mis hermanas.

En el pueblo de Ocoa, estuve involucrada en muchas actividades: grupos de teatro, poesía coreada, clubes culturales y deportivos, grupos estudiantiles. Durante 6 años, hasta que termine el bachillerato, tenía un grupo de amigos y amigas con los que compartía momentos fabulosos: paseos los domingos para los ríos y arroyos mas escondidos, algunos casi los descubríamos, salíamos a agarrar jaibas (aunque confieso nunca agarre una) y cocinarlas, a cantar canciones de protesta en las noches, hacíamos locrios en las madrugadas, escuchábamos música de la nueva trova, nos prestábamos algunos libros. No entendía mucho, pero sí que todo esto era parte de la militancia de izquierda. Allí también había personajes, siempre recuerdo uno que nos enamoraba a todas, "camarada el amor y la revolución van siempre de la mano", nos decía, otro que cuando se paraba a echar esos discursos incendiarios duraba dos y tres horas y aunque la gente se fuera seguía y seguía. En esos años las risas por todo lo bueno y también por lo malo, las travesuras impublicables con Anita mi hermana eran parte de mi constante alegría.

A los 19 años salí de Ocoa a la capital a estudiar en la UASD. Este sí que fue otro cambio fuerte, casi me devuelvo al mes. Los olores de la cuidad me enloquecían, vivía en Cristo Rey y todos los días debía pasar por la fábrica de jabones, la de café, la de aceites, la nauseabunda cementera me quedaba cerca y casi todos los contenes del barrio siempre estaban húmedos de aguas con excrementos . El enamorado que me encontré en esos días trabajaba en la fábrica de chocolates que también estaba cerca y el siempre salía con ese mismo olor y la amiga que conocí. la primera, mi gran amiga por años, tenía muchos perros salchichas en la casa y el olor a ellos se sentía desde que una entraba al jardín.

Mi militancia en la izquierda, principalmente en mi época de estudiante de universitaria, también han marcado positivamente mi vida: conocer la compleja realidad urbana, nunca imagine que en la capital, vivían personas en condiciones infrahumanas. Para quienes vivíamos en los pueblos pequeños, la capital era lo máximo, lo mejor, era lo mas próximo a Nueva York.. Fui entendiendo nuestra la situación como parte de un mundo que debe cambiar. El compromiso y la lucha por una sociedad justa. Comencé a ver la desigualdad entre mujeres y hombres. Conocí personas que son ejemplos de honestidad, de entrega por la colectividad, de desapego, de verdadera solidaridad y de capacidad de sobreponerse a dificultades .Si fuera buena alumna tendría mucho de donde aprender. También allí viví las reuniones hasta tarde, los debates interminables, el estudio constante, los conflictos que muchas veces me resultaban inentendibles, las actividades económicas (ventas de periódicos y cartas solicitando apoyo) que eran un atentado para mi limitada economía, pues siempre he sido mala vendedora, sin dejar de mencionar los sustos en los micro mítines en barrios que yo ni soñaba conocer. Debí compartir trabajo en la casa y remunerado, estudios, militancia política y diversiones por supuesto. Los viajes a Ocoa, cada año más espaciados, eran emocionantes, cuando alcanzaba a ver las primeras casas o luces del pueblo sentía que el estómago quería salir de mi cuerpo. Todo esto ha sido importante para mí y que por esas experiencias soy quien soy.

Mi nombre mamá lo encontró en un periódico que llegó a la casa envolviendo algo y le pareció bonito. Estoy aproximándome a los 50, tratando se seguir viviendo, amando, disfrutando, aprendiendo y sobretodo tratando de ser y de que hombres y mujeres podamos vivir plenamente. Estoy muy orgullosa de todos estos días, aquí y allá, ni siquiera siento que son muchos y para que los sienta menos, sólo algunos cambios físicos se han operado en mí y como ninguno de estos duele, todo está bien.

CLAVE IV

"Tradicionalmente a las mujeres se nos exige ser jóvenes eternas y por ello guardamos con anhelo una imagen fantástica juvenil de nosotras. Esto se traduce en que cuando nos miramos al espejo, lo que vemos es una imagen atrasada de nosotras mismas. Por el tabú impuesto a las mujeres de envejecer, al mirarnos en el espejo evocamos nuestra autoimagen y generalmente tenemos una imagen de nosotras de años atrás.

Un derecho de la autonomía de las mujeres es el derecho a envejecer: con legitimidad, a tiempo, sin precocidad pero sin tardanza. Hacer esto seria una revolución pues la mujer se percibe a sí misma como la que fue y como la que es. Además, se anula a si misma porque ya no tiene las cualidades de la juventud, tan valoradas en la sociedad juvenilista, infantilista, adultista, pero en la que las mujeres nunca tenemos la edad exacta o correcta: cuando somos niñas porque todavía no crecemos; cuando estamos en la pubertad porque ya pronto…; en la adolescencia porque todavía no; en la madurez porque ya nos pasamos y en la vejez podemos sentarnos a llorar por no haber aceptado envejecer. Y un día se va la vida sin haberla elaborado con criterios correspondientes de edad. Esto es un ejemplo de la expropiación del cuerpo de las mujeres y de cómo la autonomía pasa por la apropiación de nuestros cuerpos".
Marcela Lagarde y de los Ríos. Cuadernos Inacabados, 48 Claves Feministas para mis socias de la vida

POR 120 SEGUNDOS MI NOMBRE ES MIREYA

Mi mamá era una fiel seguidora de las indicaciones del Almanaque Bristol y el nombre que me tocaba era Miguelina porque estaba supuesta a nacer a finales de Septiembre. La certeza de que nacería hembra se debía a que mi madre, en diferentes ocasiones, se había hecho "la prueba de embarazo" con el método usado en esos tiempos, consistente en sentarse en una de dos sillas preparadas, una con un tenedor y la otra con un cuchillo, ambas cubiertas con un paño. Invitaban a la embarazada a sentarse en una de las dos sillas. Si la que elegía tenia el tenedor, la criatura seria hembra; de lo contrario, sería varón. Como en cada ocasión en que se hizo la prueba, salió el tenedor, la parturienta y la señora que iba a ser mi madrina, arribaron a la conclusión de que yo nacería hembra.

Quien iba a ser mí mi madrina, que tambíen era la mejor amiga de mi mamá, había soñado que si tenía una hija la llamaría Mireya, por la letra de un tango titulado *"La Rubia Mireya"* que a ella le gustaba mucho. Mi madrina le pidió a mi mamá que si nacía después del 29 de Septiembre, día de San Miguel, me pusiera Míreya. Mi madrina le ganó al Almanaque Bristol, porque vine al mundo a las 12:02 AM del 30 de Septiembre. Desde ese día me llamo Mireya Altagracia Cruz, alias Tita. Como dominicana al fin, llevo el nombre de la virgen con su apodo correspondiente.

Salí del vientre de mi madre en la "Maternidad Julia Molina". hoy "Nuestra Señora de la Altagracia", en la ciudad de Santo Domingo, capital de la República Dominicana. Fui la primera de 8 hermanas/os en nacer en un hospital. Mi mamá siempre tuvo mucha desconfianza de los médicos y los hospitales, aunque este detalle también contribuyó a que se supiera la hora más exacta de mi nacimiento, 120 segundos después de las 12 de la noche. Soy oriunda del barrio de Villa Francisca, donde aún reside mi familia, allí la cotidianidad es un amplio arcoiris de ruidos y sonidos de todo género.

Me crié entre la casa de mi mamá y la de una tía materna que vivía en Villa Duarte, así que pertenezco a dos Villas. Mis progenitores fueron Elvira (Virín o la viuda) y Valentín. Mi madre. Quien murió hace tres años., era una mujer tenaz; nunca la escuché lamentándose de su situación económica, también era una mujer que creía firmemente en sus amigas quienes le brindaron mucha solidaridad.

Valentín, mi padre, era un hombre de muy pocas palabras, con ideas tradicionales. Creía que a los hombres no les gustaban las mujeres que leyeran mucho, sino que fueran dedicadas a los quehaceres del hogar. A las que leían mucho "las devolvían" cuando se metieran en marido. Murió a los 40, cuando yo era una adolescente. Mi mamá se quedo sola "con sus muchachos a los 37 ano y no les puso padrastro", lo cual siempre mencionaba con mucho orgullo. En algunas ocasiones, después que completaba mis oficios, me metía debajo de la cama a estudiar, libros de poemas, la revista Selecciones usadas, acompañada de los mosquitos y el calor. .

Un evento que cambió la vida en nuestra casa fue la muerte repentina de dos de mis hermanos mayores, en un terrible accidente automovilístico, ocurrido en 1963 en Piedra Blanca, Bonao, mientras regresaban de un juego de pelota del equipo juvenil al que ellos pertenecían. Con ellos también perdieron la vida otros muchachos del barrio. Este hecho estremeció la vida de muchas familias del sector. Me quedan tres hermanas y dos hermanos. Aunque un poco tarde, ahora ya no me peleo con ellas/os, sino que me río de nuestras diferencias.

Fui colaboradora con un grupo de izquierda, donde conocí mujeres que me ayudaron a iniciar mi proceso de emancipación y de conciencia política. Durante la Revolución Constitucionalista de Abril de 1965 pertenecí al Comando Médico, como asistente de enfermería. Esta fue una experiencia extraordinaria., donde rompí los patrones establecidos en el hogar, donde no se podía amanecer fuera de la casa. Con gran disgusto mi mamá iba diariamente al Comando Médico a reprocharme la vergüenza que significaba para ella que su hija señorita amaneciera en ese lugar. Ella culpaba a mi amiga Edith Ramírez de haberme inculcado ese tipo de ideas en mi cabeza. Para que mi mamá estuviera tranquila, el Dr. Bautista Javier, ex -miembro de la guerrilla de 1963, que era el director del Comando Médico, se hizo responsable de mí en la clínica.

Los primeros días de la revolución tengo la imagen viva en mi memoria de los jóvenes heridos que por falta de medicamentos o equipos apropiados, morían. Recuerdo uno en particular, el primero que vi morir, con mis manos procuraba tapar el hueco de la herida de bala para parar la sangre que salía a borbotones mientras el pedía que no lo dejaran morir.

Me gradué de bachiller en el Instituto de Señoritas Salome Ureña, una escuela publica con una disciplina muy rígida. Llegué a New York a casa de una amiga a una edad bien joven, desde ese momento comencé a vivir la realidad de una inmigrante sin familiares biológicos, trabajé en una reconocida factoría de muñecas, donde llevaban a las mayoría de dominicanas en esa época. Unos años después regresé a Santo Domingo, con mis dos hijo/a necesitaba el apoyo familiar en esos momentos. Mi estadía que sólo iba ser por dos semanas, se extendió a 10 años. Por muchos años mi prioridad era la crianza de mi prole, pero siempre con el anhelo de ir a la universidad. Después de 20 y pico de años sin pisar un salón de clase, inicié y completé mi Licenciatura en Servicios Humanos en NY. He continuado capacitándome en el área sobre violencia doméstica, lucha que he asumido como compromiso de conciencia. Soy co-fundadora del Centro de Desarrollo de la Mujer Dominicana, "el Centro", y también co-fundadora de La Marcha de las Novias, una actividad que se realiza cada año con el propósito de crear conciencia acerca de la violencia doméstica en nuestras comunidades.

Dentro de mis luchas en esta comunidad la mayor parte han estado orientadas a alcanzar mejores viviendas y mejor educación para nuestros hijos. Al efecto, fui parte de un esfuerzo que hizo posible la creación de una cooperativa de bajos ingresos para 65 familias, encabezadas en su mayoría por mujeres, que obtuvieron y mantienen sus apartamentos. También participé activamente en las asociaciones de padres y madres durante los años en que mis hijos tuvieron en edad escolar, luchando por la creación de más escuelas donde hubiera aulas menos pobladas y una educación de calidad.

Más recientemente he estado tomando clases de teatro con el propósito de cristalizar viejos sueños dando rienda suelta a mi creatividad. Ya he actuado en dos obras, y los comentarios que me han hecho son muy alentadores. Tambien estoy empeñada en desarrollar mi inclinación a la escritura, principalmente poemas, cuentos y relatos.

Con gran satisfacción, puedo decir que tengo una diversidad de amigas con las que nos hemos dado apoyo mutuo a lo largo de muchos años. He estado presente en la sala de parto de por lo menos cinco de ellas, brindándoles apoyo. Algunas nos llamamos hermanas, mi hija les dice tía y las nietas de mis amigas le dicen tía a mi hija. Entre ellas, hay algunas que dicen que no son feministas, mientras que otras reafirman que lo son al cien por ciento. Todas en su diario batallar ponen de manifiesto su compromiso a favor de los derechos de la mujer.

Tengo una hija y un hijo con temperamentos diferentes, pero seres humanos admirables. Ella es la mujer que a mí me hubiera gustado ser a su edad, cuestiona todo y cuando necesita llamarme la atención, lo hace. Es organizada, con metas claras que ha ido logrando. El, con una vida con alzas y bajas que le han ayudado a crecer. Es persistente cuando desea lograr los objetivos que se propone. Me ha hecho abuela tres veces. Ella y el son profesionales brillantes y exitosos.

Mis nietos/as me dicen abuelita de lo cual me siento muy orgullosa, de vez en cuando vienen a pasarse un día conmigo, dejándome la casa patas arriba.

Hace seis años tuve un reencuentro con un viejo amor; hoy estoy enamorada y casada con él. Es alguien muy sensitivo que me apoya y respeta. Es un eterno preocupado y ocupado en la lectura. Me motiva constantemente para que escriba, señalándome que reúno experiencias que contar y una gran chispa para hacerlo. Estoy retomando la escritura y la lectura aunque creo que tengo un largo camino que recorrer. Estoy fascinada con algunos cuentos y relatos que tengo en la fase final. Momentáneamente, mi pareja y yo estamos separados por el Océano Atlántico. Ello no ha impedido que nuestra relación continúe creciendo. Cada día utilizando el Internet nos hemos convertido en cibernéticos en un ir y venir de creación y consulta vía email, de cuentos, relatos y frases que estamos recopilando para publicar en un trabajo que bien podría titularse: "Como sostener el amor a distancia a través de la magia de las palabras"

Por mi propia experiencia y la de mi hijo y mi hija soy una convencida de que con esfuerzos, sacrificios y persistencia se logran metas. Creo en los compromisos fundamentados en valores y en la pasión para cristalizarlos. Y hasta mi último aliento, siempre tendré sueños, muchos sueños y creeré en la gente.

CLAVE V

"He llamado a esta parte "Claves Feministas para liderazgos entrañables" porque este título, para mí, sintetiza una serie de claves para abordar el tema del liderazgo de las mujeres desde nuestra perspectiva filosófica, la perspectiva feminista… Utilizo el concepto "entrañables" porque cuando hacemos política generalmente usamos un lenguaje masculinizado y no tenemos suficiente categorías propias para nombrar las cosas como queremos. Entonces "entrañables" significa: con las entrañas, con el corazón, con lo que somos y lo que queremos ser. Porque somos esenciales para la vida y, sobre todo, porque somos portadoras de alternativas para hacer viables a la sociedad y al mundo. También significa los tipos de liderazgos que queremos hacer y en lo cuales podemos desarrollarnos las mujeres feministas; estos no son liderazgos de cualquier tipo, no como los liderazgos del pasado. Son lo liderazgos que hemos ido descubriendo e inventando millones de mujeres en el mundo.

Este tipo de liderazgos tiene varias características, entre ellas, que su impacto se separa en dos vertientes fundamentales: una es el convencimiento. Y ese es un aporte de los liderazgos de las mujeres en todo el mundo, porque no buscan imponer, buscan convencer, muchas veces en minoría y desigualdad.

La otra vertiente es que no solamente buscamos convencer ideológicamente con nuestros argumentos y con nuestras propuestas, sino también con acciones. Los liderazgos

de las mujeres son liderazgos de acción. Los liderazgos intelectuales son liderazgos de acción, los comunitarios también. Y eso, a su vez, impacta en la dimensión más profunda de los liderazgos, la ejemplaridad: son ejemplares. Nosotras tratamos de hacer algo extraordinario y muy interesante: volver vida misma lo que suponemos como idea del mundo. Es decir, hacer de las utopías, topías personales y colectivas. Cada mujer en sus acciones internaliza, traduce a la vida aquello que se propone como alternativa de mundo. Esta relación entre el pensar, el ser y el existir me parece que es una clave histórica y filosófica de los liderazgos de mujeres".
Marcela Lagarde y de los Ríos. Cuadernos Inacabados, 48 Claves Feministas para mis socias de la vida

CLAUDIA DE LA CRUZ

Antes de ser concebida (según) mi mamá, Ana Mercedes De la Cruz-Peña ya sabía que su segunda criatura sería una niña. Su amor y admiración por la cantante Claudia de Colombia era tal que su niña llevaría su nombre, Claudia. Del otro lado, mi padre, Alberto De la Cruz esperaba la llegada de su primera hija con mucha ilusión, ya que tenia el baroncito, Alberto jr. Según cuentan quienes estuvieron cerca de mi padre en esos días, el creía firmemente y decía a boca llena y con orgullo *"las hembras quieren más a sus papás que los varones"*. Y el papá tendría su hembrita- Lizandra. Hubiese preferido contar en mi auto-presentación que Lizandra era una ex novia o una amiga muy querida de mi papá, o quizás una tía, o un nombre rescatado de una Diosa/heroína griega (el nombre realmente tiene origen griego y significa libertadora de la humanidad). Pero la realidad es que mi padre tenía una obsesión con los reptiles y le gustó el sonido de la palabra "lizard" que en el español dominicano es alagarto (lagarto). De esa combinación de Ana Mercedes y Alberto, nazco yo, Claudia Lizandra De la Cruz-Peña.

Ana y Alberto, primera generación de inmigrantes de la República Dominicana, residiendo en el Bronx en la ciudad de Nueva York, recibieron en manos a su primera hija el día martes, 9 de diciembre del 1980 en el hospital Nuestra Señora de la Misericordia. Al ser la menor de dos y la única hembra, a mi hermano le fue otorgado el papel del hermano mayor y protector de su hermana. Ese papel lo desarrollaría a cabalidad hasta los años de mi adolescencia. De mis años de infancia, sólo he escuchado una anécdota que al parecer es la preferida de mi madre. A la que nunca le di mayor importancia hasta estos últimos años. Cuando tenia cuatro años mi mamá entró a su habitación y me encontró envuelta en su vestido, con sus zapatillas altas, el pelo suelto y todo alborotado y con lápiz labial rojo. Relata mi madre, que al preguntarme que hacia, yo le respondí "quiero ser una mujer diferente." Me gusta mi propia historia. Aún me gusta imaginarme a los cuatro años, con la idea de que quería ser una mujer diferente. Aunque por otro lado, a los cuatro años entendía también que ser mujer no era mas que estar envuelta en los atuendos de mi madre. Mi idea de ser diferente y mi definición de ser mujer han ido evolucionando con el tiempo. Por lo menos, eso quiero pensar.

A los cinco años mi madre y mi padre enviarían a mi hermano mayor, Alberto (de ocho años) y a mi a vivir a la República Dominicana. Esa experiencia me daría la oportunidad de conocer más de mis raíces, de mi cultura, de mi familia y de mi ser a través de mi abuela, Amantina Aquino-Martínez. En la República Dominicana viví en Santo Domingo y fui estudiante en el Colegio Católico Cardenal Sancha en Alma Rosa (ahora es un politécnico). Además de mis experiencias del colegio, donde aprendí el himno nacional, de geografía, matemáticas, gramática y caligrafía (aprendí con Nacho), además de aprender orden, disciplina e higiene al estilo de las monjitas; mis mayores enseñanzas las adquirí en el compartir con los y las familiares maternos: abuelito Pedro, abuelito Méndez, tío Monchy, tío Fao, tía-abuela Cruz, tía-abuela Tata, tío-abuelo Genito, y mi abuela Amantina. De ellos aprendí la humildad, la honestidad, la sencillez, la creatividad, la dignidad y a construir la felicidad apreciando las cosas mas simples y ordinarias en la vida. Disfrutaba los paseos en las guaguas (autobuses) a Manrresa (heladería), a pizzareli, boca chica. Los viajes al interior del país, siempre estaban llenos de aventuras. Me encantaban los frio-frios rojos y los yaniqueques, los chicharrones y el mavi, el sol picante de las 12 y los caños de agua durante aguaceros, los sábados de Corporán, Candy y la ranita de metal (muñequitos) y el Chapulín Colorado a las 12. Así se fue formando mi dominicanidad.

A los ocho años regresé a Nueva York para vivir en el Bronx. Ya para ese entonces éramos tres- Alberto, Richard (mi hermano menor) y yo. Las cosas eran un poco más difícil, el espacio era mas pequeño para tres muchachos y dos adultos. Vivíamos en Mount Hope, en un cuartito. Yo estudiaba en la escuela elemental (PS.) 128. Ahí conocí del rap/hip hop y el r&b. Conocí de MTV, de la cultura pop, como también conocí de la bachata (que en ese tiempo en la República Dominicana no sonaba tanto como en NY). En mis años en ese vecindario, conocí también de la pobreza, la escasez, la desconfianza, el miedo, la tristeza, *'the hustle'*-el joseo, *'the struggle'*-la lucha. Me entrené en caminar sobre botellitas vacías de drogas en el patio de recreo. Aprendí a hablar cuando me hablaban y soolo hablar lo necesario. Aprendí a tener *"attitude"* o actitud. Con los viajes a la oficina del *welfare* conocí del maltrato al cual estaan sujetos los(as) pobres para obtener apoyo *(el famoso WIC y los Food Stamps/cupones de alimentos)* para subsistir. Aprendí también, el significado de la dignidad, de la fortaleza, de mantener mi lenguaje (aunque ya se formaba a lo dominican-yol con el lenguaje conocido como span-glish) y mis costumbres. Aprendí a defender mi dominicanidad mezclada con mi ser Neoyorquina. Disfrutaba de los viajes a Rodhe Island y a Boston. Los paseos a los distintos condados me parecían viajes a otros países (Queens= Colombia/Italia, Brooklyn= Jamaica/ Haití, Manhattan= RD/Cuba, Bronx= Puerto Rico).

El regreso a Nueva York fue difícil, pero la base de lo que soy hoy ya estaba en mi. El tiempo en la Republica Dominicana (o en el patio) fueron esenciales en mi formación. Por muchos años, el reajuste a esta ciudad fue difícil. Existía en mi la lucha por la reafirmación de mi identidad. La búsqueda de mi espacio, como una joven que no era "ni de aquí, ni de allá'" se manifestó en rebeldía, en furia, y en dolor. El resistir a valores que no eran los míos (como el individualismo, el comercialismo, el adormecimiento a través de la TV y juegos de video, la baja calidad en el sistema de educación) era difícil. No fue hasta en mis años de adolescencia que aprendí a imaginarme otro mundo a través de libros, la escritura y la pintura.

La familia se había mudado ya dos veces: a la calle 183 y *Grand Concourse* durante mis últimos años de escuela primaria y a la edad de 13 años estaba viviendo en la calle 192 y University. A los trece años, viviendo en "la 1-9 doose" (192) empecé a trabajar a tiempo parcial con la Comisión Latina Sobre el SIDA a través de la Iglesia Episcopal Santa María. En ese trabajo comunitario, empezó a despertarse mi conciencia y comencé a desarrollar destrezas de comunicación y organizativas. Dentro de la iglesia, coordinaba actividades para los(as) jóvenes, participaba de reuniones y eventos de carácter teológico y socio-político. El estar expuesta, a temprana edad, a esos espacios y a las practicas comunitarias me ayudó a formarme como militante de una fe activa, solidaria y subversiva. En mis años de adolescencia, empecé a identificar las cosas que me hacían diferente y a encontrar maneras de manifestar esas diferencias. La agresividad se tornaba en asertividad, la pasión por la justicia era tangible a través de los proyectos y las relaciones que se establecían, el amor por quienes fueron alguna vez invisibles, para mi florecía de manera genuina, mientras reflexionaba y practicaba la solidaridad. Me fui formando en un movimiento por la creación de un mundo nuevo, con hombres y mujeres en el intento de ser nuevas(os) y mejores seres humanos(as)- esa comunidad me renovaba cada día (aún lo hace).

Durante mis años de adolescencia sucedieron muchas cosas que marcaron mi vida e influenciaron mi desarrollo. Tuve mi primer novio a los 14 años y mantuvimos una relación amorosa hasta mis 21 años de edad. A los 14 años también obtuve mi primer trabajo (pagado). Entre a y curse 4 años de escuela secundaria en una de las escuelas con menos recursos en el Bronx- *Theodore Roosevelt High School*. Mi escuela secundaria estaba dividida en territorios: el primer piso era zona libre; en el segundo piso los Ñetas de un lado, la familia del otro lado y en otro lado los Latin Kings/Queens; en el tercer piso Nación Zulú; en el cuarto piso Los Matatanes. Me gradúe en el andar por cada uno de esos pisos sin pertenecer a ninguno de los mismos y aún así obtuve el respeto y amor de cada uno de sus residentes. Me gradué en el autobús BX9 y el BX12, en el tren cuatro (4) y el D. Me gradué en las caminatas en Fordham Road. Me gradúe en la creación de sub-culturas para sobrevivir la crueldad de la escuela secundaria. O sea que para poder mantener un poco de mi sanidad mental y emocional tuve que crear una comunidad alterna de amistades (muchas de ellas compartidas con mi hermano mayor), una comunidad alterna de maestros(as) (organizadores/as, activistas, lideres comunitarios(as), educadores(as) populares, etc.) y de espacios alternos para pasar el rato (o pa' el jangueo). Me gradué en el 1997 de *Theodore Roosevel High School*.

A los 17 años entré a la universidad para Justicia Criminal de John Jay. Ahí estuve hasta graduarme en el área de psicología forense en el año 2001. Aunque la psicología forense no era lo que me interesaba, resolvía el problema del quehacer luego de la secundaria.

Mi pasión fue siempre el periodismo, escribir, capturar historias... Y aunque obtuve beca para ir a estudiar a la Universidad de Coral Gables en Florida, el ser la única hembra y menor de edad fueron obstáculos para llegar hasta allá. John Jay fue la segunda opción. Las segundas opciones a veces funcionan mas divinamente que las primeras. Estudiar en John Jay me permitió quedarme en Nueva York y construir relaciones duraderas. Me permitió aprender más de la organización comunitaria, aprender más de mi espiritualidad y aprender más de mi. Así trabajé en Palenque, un proyecto para jóvenes que me marcaría para toda la vida y que jugaría un papel determinante en mi vida. Pues fue ahí, en el trabajo directo con jóvenes de la comunidad de Washington Heights aprendí que el trabajo con jóvenes (mas que el periodismo) era mi pasión (además tenia la capacidad y el arte para hacer un trabajo de impacto). Durante mi tiempo en John Jay también aprendí que no podía seguir negándome a mi misma el llamado al pastorado (aunque seguiría resistiendo a través de los años-aun después de entrar al mismo).

Luego de graduarme de la universidad de John Jay, por sugerencia (o mas bien el empuje) de quien seria mi mentor y guía espiritual al momento, P. Luis Barrios, entré a estudiar al programa de magisterio doble de la Universidad de Columbia y el Seminario Teológico Unión. Ahí se fortaleció mi fe y mis posiciones políticas (ya que tenía que defenderlas casi a diario, pues ambas instituciones son predominantemente blancas y de clase elite- con alguna que otro política liberal para intentar redimir el racismo, el clasismo y todos los 'ismos' malignos habidos y por haber). Ahí entendí la necesidad de hacer un trabajo socio-político y de fe que parta de la realidad de la gente. Lo que quiere decir, entonces, que las teorías se convierten en puntos de referencia.

A los 20 años de edad y aún en la universidad de John Jay, salí de mi casa. O sea, salí de la casa de mi mamá y mi papá, para mi primer apartamento. El apartamento estaba ubicado en la avenida Sherman. Eso causó tremendo revuelo-"¿Cómo va a ser que la única hembra de la casa se vaya? ¿Sin casarse? ¿A vivir sola? ¡Que vergüenza!" Mi mamá se recuperó del "mal que le hice" dos meses después. Después de los dos meses, descubrió que podía "tapar la vergüenza" mintiéndole a quien preguntaba por mi diciendo: "¿Claudia?, Ella esta bien. Se mudó con una amiga." Y ¡ay! de mi cuando la hacia quedar mal (casi siempre) diciendo que vivía sola, los insultos eran interminables. Al fin y al cabo, ella estaba "cuidándome." Salir de mi casa me significó el conocer a mi madre como mujer y a mi padre como hombre. Mi mami y mi papi se convirtieron en seres humanos, con vidas, con historias, con virtudes y con errores. Una vez fuera de su casa, del papel de la hembrita, ya como mujer joven, empecé a entender el porque de las acciones, la dinámica de la relaciones en lo que era mi hogar.

Al momento de esta auto presentación, tengo, 28 años. Me defino como mujer-joven, negra-dominicana, hija, hermana, tía, dominico- nuevayorquina (o dominican-yol), internacionalista, feminista, pastora, organizadora, teóloga, discípula, maestra, compañera, amiga, revolucionaria y luchadora. ¿Que mas puedo decir? Sigo intentado crear lo extraordinario de lo ordinario e intento serle fiel a mi 'yo a la edad de cuatro años'- creando la diferencia en mi, que quiero crear en el mundo (como bien decía el compañero Ghandi), aunque a veces al verme en el espejo sigo envuelta en los atuendos de mi madre....

CLAVE VI

"El feminismo tiene un sentido directamente personal. No se trata de una ideología más sino que tiene que ver con la vida misma y ahí es donde se expresa, se avanza o retrocede. En ese sentido toca las relaciones intimas, y entre ellas una muy importante es la relación con los y las hijas.

La gran feminista española Victoria Sau dice que la relación más enajenada de todas las relaciones en las sociedades patriarcales es la relación *madre-hija*, porque es una relación donde la madre tiene como deber convertir a su hija en una oprimida y además debe hacerlo por amor, y en retribución por hacer eso debe pedir amor. La madre debe hacer de la hija un ser obediente, cumplida, omnipotente, impotente, cuidadora, linda, perfecta, magnifica, inteligente, capaz; es un "deber ser" de las madres con las hijas y además hacerlo en una relación de poder, lo cual es una relación patriarcal entre mujeres y no una relación matriarcal como a veces se dice. Es una relación patriarcal.

En el feminismo tratamos de construir derechos en esa relación; instalar normas, lenguajes, tratos distintos y no debemos confundir y creer —como dicen los manuales de psicología de Selecciones del Reader' Digest- que podemos ser amigas de nuestras hijas. Desde el feminismo podemos resignificar la maternidad y reconocer en ella un privilegio; pues tiene el privilegio de ser una relación entre dos mujeres de generaciones distintas, compartiendo un mismo espacio, interactuando consciente o inconscientemente todo el tiempo; privilegiado porque la relación se puede convertir en un espacio de aprendizaje mutuo de la sororidad y otros contenidos nuevos de la maternidad… Con lo que conocemos sobre los procesos de deconstrucción y por la experiencia vivida las mujeres madres sabemos qué cosas nos ayudaron a enfrentar la vida adecuadamente. Entonces, en vez de enseñarles la claudicación podríamos contribuir la neutralizar la cultura hegemónica, trasladándole nuestra experiencia, pero sin erigirnos en modelos". *Marcela Lagarde y de los Ríos. Cuadernos Inacabados, 48 Claves Feministas para mis socias de la vida*

SOY, SOY…MARÍA GRACIELA DE LA CRUZ.

Una de 7 hermanas, hija de María Virgen Bourdier (Niña) y Manuel María de la Cruz María (Ney), actualmente resido en Villa Mella, la tierra de Mamá Tingó.

Mi infancia

Tengo 53 años, nací en el 1956, año en que la gente del país que me vio nacer, mi gente, vivía en un constante temor e inseguridad por la represión y abusos permanentes que la dictadura trujillista impuso a las personas que no le fueron serviles al régimen. La misma dictadura que acabó con las heroínas Hermanas Mirabal. En mi familia nunca se hablaba de Trujillo, ni en bien ni en mal. O si lo hacían era en voz tan baja que nunca lo escuché.

Mi infancia la pasé en La Sabana de Caballero, el campo donde nací, esta comunidad pertenece al municipio de Cotuí, Provincia Sánchez Ramírez. Mi padre, a quien, cariñosamente le decíamos Ney, un hombre de estatura baja, piel oscura y un rostro siempre sonriente, fue parte de una familia campesina hijo de un agricultor y una ama de casa, Jesús María y Tomasina. El viejo Ney murió en el año 2000 a los 86 años, dejando un gran vacío en mi familia que jamás se ha podido llenar. Su sentido del humor era tan bueno que hasta con su muerte nos hizo chiste, pues en esos años víspera del nuevo milenio había mucha curiosidad con el inicio de siglo, y él, luego de reponerse de varios ataques cardíacos, decía que algunas personas pensaban que él no vería el nuevo milenio, y que ahí estaba vivito. Fue un hombre ejemplar, trabajador hasta más no poder, respetuoso, pacífico, amable. Fue un padre amoroso, responsable, tierno. Siempre salía muy temprano a trabajar y regresaba a final de la tarde, de muy buen humor. Nos daba lo que llamaba el "bocao", que era un poco de su comida, (no sé qué tenía la comida de mi papá que siempre me sabía tan buena).

Papá nos hacía cuentos y nos contaba muchas anécdotas de su vida. Tenía muchos amigos y amigas, la mayoría de sus amigos y amigas eran de la iglesia y a todos(as) le llamaba hermanos(as). También tenía muchísimos amigos y amigas del barrio y de la comunidad donde nacimos. A mi madre siempre la trató con mucho amor y respeto, como a una reina. Los hermanos de mamá y de papá nos visitaban frecuentemente. Recuerdo la forma en que mi papá saludaba a su hermano Toño que lo visitaba todos los días. Sólo a él saludaba así y siempre lo hacía igual, él le decía: Cómo etá utá, su meicé compadre heimaaaaanoooo.

Mi madre, María Virgen Bourdier, cariñosamente, Niña, una mujer, sencilla, de estatura baja, piel blanca, pelo negro. Ha dedicado toda su vida a su familia, se casó a los 14 años. Nos contó papá que cuando la familia de ella vino a La Sabana, él conoció primero a una de sus hermanas y pensó - Esta debe tener una hermana mayor que ella y esa va a ser mi novia- Así fue o sea amor antes de verla.

Nos contaba papá que cuando se "llevó" (unión consensual) a mi mamá, a los 14 años, se escondió con ella, donde Timoteo no los pudiera encontrar, pues era capaz de matarlo si lo hallaba con su hija. Timo, como le decían a mi abuelo, quería mucho a Niña y cuando notó su falta salió con un machete por toda La Sabana, a buscar a Ney, para matarlo, donde quiera que lo encontrara. Después de buscarlo por todos los caminos y preguntarle a todo aquel que encontró a su paso, cuando llegó donde el alcalde y le contó lo que le había pasado, éste le preguntó - ah pero e Ney el hijo de Jesú María, ah no, si fue ese que se la llevó quédese tranquilo que ese e un hombre serio. Timoteo molesto por no encontrar quien lo comprendiera en su enojo, por la falta de consideración, se fue a la comunidad próxima. Al llegar donde el alcalde de allí, éste luego de escuchar lo que le traía por allá a Timoteo le hizo la misma pregunta – Ah pero fue Ney que se la llevó, el hijo de Tomasina y Jesú María, ah no se apure ese e' un hombre serio y trabajadoi, váyase a su casa y no se preocupe. A timo no le quedó otra salida que volver a su casa. Sentarse a esperar que le pasara la incomodidad pues no le quedaba otra salida, tarde o temprano tendría que volver a trabajar la tierra de Jesús María, el papá de Ney, para poder ganarse la comida de él y de sus otras hijas e hijo. Desde que llegó a la comunidad trabajaba a medias, pues no tenía tierras (trabajaba en tierra ajena a cambio de parte de la cosecha). Eso no le impidió que consiguiera varias mujeres, con las que tuvo varias hijas y un hijo. Timo era blanco con el pelo lacio y ojos claros, casi siempre estaba de mal humor.

Mis recuerdos de la época de infancia son muy lindos. Me gustaba mi familia, caminaba y jugaba libremente por toda la comunidad. Mis amigas y una de mis hermanas, que también era mi amiga, siempre teníamos mucho tiempo para jugar. Todo en la comunidad me gustaba. Había un río bastante cerca de la casa donde nos bañábamos y mis hermanas mayores lavaban la ropa de toda la familia. El río se llama Jaguey. Ahora casi siempre está seco. Las casas de La Sabana formaban un círculo en cuyo centro, cubierto por completo de gramas muy verdes, estaba la iglesia católica la única que existía en la comunidad. No podía imaginar la existencia de ninguna otra iglesia en ese lugar, ni en ningún lugar del mundo. Para mí la iglesia, era sencillamente una parte muy importante de la comunidad donde toda mi familia acudía los domingos para participar en las misas, ahí nos juntábamos con todas las familias, tíos, amigos y amigas, madrinas y padrinos que siempre, nos daban algo de dinero, al final de las misas, que mi hermana y yo gastábamos inmediatamente.

Soy la octava de 12 hijas e hijos y la sexta de siete hermanas. Cinco hombres y siete mujeres formábamos lo que mi padre llamaba su cuadro de familia. Como buenos cristianos que fue papá y es mamá a todas sus hijas le pusieron por primer nombre María, por suerte todas contamos con un segundo nombre, de no ser así no me imagino el lío para identificarnos. Hasta mamá y papá llevan en sus nombres María. María Virgen y Manuel María.

Me enteré un día que, mamá y papá sólo querían tener tres, cuando nacieron sus primeros dos hijos y una hija pensaron que habían terminado pero a partir de ahí empezamos a llegar, por eso estoy aquí. Pero como decían él y ella, "eran conformes a la voluntad de Dios". En eso hemos avanzado bastante. Ya podemos no tener 12 si sólo queremos tres. De doce hermanas(os), once nacimos con la comadrona de la comunidad. Desde que mamá daba a luz, venían las vecinas con la sopa de gallina y el casabe tostado, con un olor buenísimo.

Sólo el más pequeño de mis hermanos nació en un hospital cuando nos mudamos a Bonao, al que considero mi pueblo, pues llegué ahí a los seis años. A partir de ahí mi relación con el entorno cambió, el pueblo era muy grande para mí que venía de un lugar tan bonito y pequeñito rodeado de montañas con amapolas que la coloreaban de mamey intenso y verde. A todos lados que miraba, encontraba el cielo las montañas y las gramas en el suelo, donde se escondían los abusos, Unos animalitos muy pequeñitos, que me picaban el ombligo, también mamey.

Mi vida en el pueblo

En Bonao hice la primaria y secundaria (de segundo a cuarto, el primero de bachillerato lo hice en Santo Domingo). Adaptarse a la vida urbana se le hizo difícil a mi madre, con tantas muchachas(os) en el pueblo era más difícil para ella poder criarnos como solía decir. Me parece que fue esa la razón por la que fueron apareciendo mujeres, que le proponían a mamá, que nos prestara por un tiempo para que les ayudáramos en los oficios y ellas se encargarían de encaminarnos en los estudios, con los cuadernos y la ropa. Cuatro de nosotras vivimos temporalmente en otras casas. Yo viví con tres familias diferentes en ese período, que no eran mi familia. Por lo general, ayudaba en los oficios, fregar, limpiar la casa, hacer mandados (esto era básicamente ir a comprar a las pulperías, así le llamábamos a los colmados). También ayudaba a cuidar los niños(as). Dos de esas familias me agradaban mucho. Me trataban muy bien me compraban lo que necesitaba y no tengo malos recuerdos del trato. En la otra familia, recuerdo que la señora se molestaba si yo llegaba un poco tarde en la mañana, decía que ya ella había hecho los oficios. Esa señora era modista y me hacía unos vestidos muy bonitos. Es lo único que recuerdo que me gustaba en esa familia. En cambio, tengo un recuerdo de violencia por parte de un vecino. Su casa colindaba con la de esa señora, llamada Nieve, donde iba cada día a ayudar. Cuando fregaba, el fregadero era una especie de mesita detrás de una ventana, desde dentro de la cocina fregaba y al frente quedaba el patio de la otra casa. Un señor que vivía ahí, un día se metió al sanitario dejó la puerta entreabierta y se desnudó para que yo lo viera, me quité de ahí. A partir de ese día, me daba mucho miedo cuando me encontraba con ese hombre por la calle, pensaba que me podía hacer daño. Si yo iba por una calle y lo veía cambiaba de calle. No sé por qué, nunca comenté esto con nadie, pero siempre le andaba lo más lejos posible a ese señor. Pronto me fui de esa casa y no regresé.

Cuando pasé a primero del bachillerato, la señora donde vivía se había mudado de Bonao para la capital. Ella me había llevado a su casa por unas vacaciones, luego le pidió a mi madre que me dejara ir a vivir con ella para que estudiara allá. Mi madre aceptó aunque no tan a gusto. No le gustaba que estuviéramos tan lejos de ella. Sólo me quedé un año, cuando fui de vacaciones a casa me dio deseos de quedarme y me quedé, mi hermana- amiga a la que le seguía en edad (Ramona) me dijo que estaríamos mejor juntas, así podíamos jugar y pasarlo mejor. Acepté, sentía que en casa era más libre de hacer lo que quisiera, podía jugar más, compartir con mis amigas y eso era lo que más me gustaba. Por suerte ni siquiera le tenía que pedir permiso a mamá para quedarme, simplemente me quedaba.

Continué mis estudios en el liceo público de Bonao, a inicio de los años 70. Era buena estudiante me gustaba leer, oír música, me aprendía todas las canciones que escuchaba, me gustaba cantar, ir al río con mis hermanas, dar paseítos en la calle (caminar por las noches conversando con una amiga) también me gustaba mucho ir a bailar con mis hermanas y con amigos. Nos divertíamos mucho contando cuentos por las noches, nos juntábamos un grupo de amigas y amigos a contar cuentos a veces hacíamos "asopaos",. Era la cena preferida cuando cenábamos juntas(as).

En esa época, empecé a participar en grupos culturales, primero en grupos religiosos como la Acción Católica. Todos los sábados nos juntábamos y para iniciar la reunión cantábamos el Himno a la Alegría. Tratábamos temas educativos y hacíamos diversas actividades que nos mantenían animadas y nos permitían compartir. Luego pasé a formar parte del grupo cultural Juventud Ardiente. Ahí leíamos poesía, hacíamos teatro, viajábamos de un pueblo a otro a hacer presentaciones, era muy divertido, comentábamos las lecturas. Me gustaba mucho participar en grupos, por suerte me dejaban. Mamá, aunque era analfabeta se daba cuenta donde podía tener confianza de dejarnos en libertad.

En el 1974 me mudé a la capital para iniciar mis estudios universitarios. El gran problema fue encontrar donde vivir, pues no me podían pagar una pensión. Mamá decía que si no empezaba la universidad de una vez me iba a volver loca. Empecé primero que mi hermana, aunque ella había terminado primero el bachillerato.

Lo primero que hice fue visitar la señora donde vivía antes. Ella no pudo recibirme, dijo que una sobrina de su esposo iba a vivir para allá y que no había espacio. Eso me preocupó y me entristeció pues tenía amigas en esa zona, con las que antes compartía, ahora tendría que empezar de nuevo. Bueno a mi hermana mayor se le ocurrió hablar con una señora que tenía una tienda y ella le bordaba. La señora aceptó que yo fuera a vivir a su casa y que bordara para su tienda, también que le hiciera parte de los oficios de la casa. Acepté. Sabía bordar pero no me gustaba y lo hacía muy despacio. Cuando tenía exámenes no me gustaba hacer oficios, sólo quería estudiar. Me gustaba tanto estudiar. Pero eso, por supuesto, no le convenía a la señora y pronto me dijo que no iba a poder seguir viviendo en su casa pues una sobrina de ella vendría a vivir con ella. De verdad no sabía qué hacer. Una tarde estaba tan triste en la universidad, que un joven se dio cuenta de que no estaba bien y se me acercó. Me preguntó qué me pasaba, le conté lo que pude y me ofreció que me fuera a vivir donde una tía de él en Villa Duarte. Yo no tenía la mas minima idea de por donde quedaba Villa Duarte. No lo rechacé, quedamos que él hablaría con la tía a ver si ella podía recibirme. No lo volví a ver. Tenía un amigo que fumaba, el me decía que si yo fumaba con lo inteligente que era podía ser brillante, por suerte nunca le hice caso. El me respetó, yo también lo respetaba mucho. Me gustaba hablar con él, siempre hablábamos por teléfono o en la universidad.

El siguiente fin de semana que visité a mi casa en Bonao, estaba tan triste que no aguantaba. Mi hermano Carmelo uno de los mayores, se dio cuenta de que algo me pasaba. No quería decir nada, pero él logró convencerme de que tenía que contarle. En muy poco tiempo, mi mamá convenció a mi papá de que tenían que mudarse para la capital, porque "había que encaminarnos hasta que encontráramos el modo de vivir en la capital". Mamá estaba convencida de que era lo mejor que podíamos hacer como familia, pues las otras hermanas también necesitaban ir a la universidad. Ya antes salieron del campo por la misma razón, no iba a permitir que sus hijas se quedaran pelando guineos, como solía decir. Así se pusieron de acuerdo y alquilaron una casita bien pequeña en Santo Domingo en el barrio Domingo Sabio. Muy pronto compraron una casa en el mismo sector. Ahí pasamos un tiempo, empecé a trabajar en encuestas, luego fui maestra en un colegio. Continué estudiando y luego obtuve un crédito en la universidad. Terminar la carrera me llevó mucho tiempo, pues tenía que combinar los estudios con cualquier trabajo, mi familia regresó de nuevo a Bonao, mis hermanas y yo nos quedamos. Logré terminar la carrera de Sociología, luego hice un diplomado y luego una maestría en género y desarrollo, en INTEC, siempre buscando entender mejor la vida y todo lo que hago mientras vivo.

Me enamoré en medio de la actividad política, recogiendo firmas para el reconocimiento de la Unión Patriótica. Mas adelante nos casamos y muy pronto mi primera hija, Anabel, que en paz esté. Mi hija murió de cáncer, luego de cumplir sus 25 años, un dos de agosto, las mariposas me anunciaron su partida. Todavía recuerdo como se apartó la vida de su rostro. Durante tres meses aprendí con gran dolor el verdadero significado de la muerte. Ha sido el período más doloroso de mi vida, me costó años superar ese golpe. Suerte que tuve tan cerca a mis amigas y a las amigas de Anabel, también a su papá.

Con Anabel aprendí tantas cosas, pero aprendí lo más crucial sobre el nacimiento, sobre la muerte y sobre la presencia más allá de la muerte. (Sobre esto tendría que escribir un libro). Supe el día en que saldría embarazada de Anabel, pensé que no estaba preparada económicamente pero pensé también que no sabía si alguna vez lo estaría y no quería privarme de esa posibilidad. Mi relación con su padre no duró mucho. Tenía una imagen paterna tan especial que no me acostumbraba a aceptar lo que encontraba. Once años después, tuve a Laura, luego a Omar, mi hija y mi hijo que hoy tienen 18 y 16 años. Para Laura y Omar también fue terrible la partida de Anabel. Al padre de Laura y Omar lo conocí en un encuentro con escritores, hablando de poesía y de política en el 1990. Nos enamoramos y tuvimos una relación, de la cual nacieron Laura y Omar. Omar, Laura y yo, somos una familia. como muchas otras familias que he conocido. Con el papá ausente, al margen de toda la cotidianidad.

Con Omar y Laura he aprendido mucho. Hemos batallado juntos en el diario vivir, practicamos la democracia, compartimos valores, tratamos de equilibrar en medio de los conflictos típicos entre hermanos(as) casi de la misma edad. A veces son/somos cómplices, a veces andamos juntos otras veces cada quien va por su lado pero siempre nos queremos muchísimo. Cada quien cumpliendo con su responsabilidad, cada quien resolviendo algo para hacer de la vida un tránsito más agradable. A veces comemos helados o compartimos una pizza o un biscocho con los(las) amigos(as), aunque no haya dinero para pagar la tarjeta.

Me molesta mucho cuando en la escuela de mis hijo(a) algunos psicólogos(as), acentúan tanto la familia nuclear como si ignoraran la existencia de otros tipos de familia. Me pregunto si no harán sentir mal a los niños y niñas que no viven en ese tipo de familia, eso hay que revisarlo, no es justo.

No he criado sola a mis hijas e hijos, mis amigas y un amigo muy especial, su abuela, han estado a mi lado siempre, sus padres a veces (pero esas pocas veces han sido sumamente importantes), las maestras, directores y directoras, me han acompañado mucho, las amigas y amigos de mis hijas e hijo. En fin, en comunidad.

En los años 70 empecé a conocer algunas de mis amigas con las que hoy comparto este espacio de claves feministas. Amigas que han significado mucho para mí, siempre. Empecé a vincularme con los clubes culturales, con el grupo de Cine Militante, con los grupos de mujeres (Haciendo Camino, Unión de Mujeres Dominicanas) CIPAF, CE-MUJER, La Coordinadora de Organizaciones de Mujeres, siempre estuve/ estoy en algún grupo. También milité en el PTD, me gusta la política aunque tuve que apartarme del partido pues no encontraba coherencia entre el discurso y la práctica. No podía conjugar mis convicciones sobre feminismo y democracia, con la práctica del partido así que decidí seguir aportando desde otras organizaciones, donde pudiera expresarme, ser yo.

Me he enamorado y amado varias veces, siempre de una forma muy especial, la última vez pensé que nunca había amado igual a nadie, y es verdad. Pienso que amar y ser amado(a) es lo mejor que le puede pasar a un ser humano(a). Me gusta mucho una canción que dice "Quien no sabe de amor no sabe nada… quien no sabe de amor que aprenda un poco, para que no se muera sin vivir…"

Mis amigas y mis amigos han jugado un rol muy especial en mi vida. Tengo una amiga muy especial que siempre ha sido como una especie de terapeuta, mi amiga Venecia y una amiga que siempre ha estado muy cerca de mí y ha sido mi cómplice, Miriam, nosotras hemos sido una especie de trío muy chulo. En realidad tengo muy buenas amigas, todas y cada una han sido muy especiales en mi vida.

Buscando mi identidad.

A los 17 años descubrí mi identidad racial. Dejé de alisarme el pelo, me lo corté para poder llevarlo al natural, pensaba que tenía que aprender a manejarlo sin ir al salón, pues en ese tiempo parecía que era imposible ir al salón y que no me alisaran. Me siento satisfecha de haber fortalecido mi identidad.

Soy feminista socialista. La mayor parte de mi vida adulta la he dedicado a trabajar en instituciones sociales sin fines de lucro, que promueven los derechos de las mujeres. Llevo 18 años en el Centro de Solidaridad para el Desarrollo de la Mujer, en este espacio he aportado mis ideas, mis esfuerzos por construir una sociedad con equidad, por crear oportunidades a favor de las mujeres , busco con mi trabajo, contribuir a que desaparezca la subordinación de las mujeres que desaparezcan las inequidades. Me siento identificada con todas las personas hombres y mujeres que trabajan por estas causas y por erradicar la injusticia social. Me identifico con todos los procesos que se fundamentan en estos principios y que buscan una forma de vida que no destruya y cuide el ambiente, que cuide y no destruya a las personas. Que cuide la vida y promuevan la real democracia y la paz.

En mi búsqueda constante de un mundo mejor y más equitativo, he tenido la oportunidad de estar cerca de personas con quien he compartido muchas de mis ideas y creencias. Todas y cada una de esas personas lo saben. No las quiero mencionar por dos razones, porque son muchas y llenaría varias páginas y para no caer en el grave error de dejar de mencionar alguna, no me lo perdonaría.

Me gusta la poesía, la leo, la escribo, la invento, la comparto, me creo y recreo en ella. Me encanta leer, la lectura es parte de mí. Una de las canciones- poema que más me gusta se llama: SOY, escrita por Dinorah Coronado e interpretada por Sonia Silvestre, y para seguir compartiendo la poesía concluiré esta biografía, con uno de mis versos:

"Tus caricias me albergan y el amor y su magia me recuerdan que existo", del poema Sin Prisa, del libro Ascendiendo a la libertad.

CLAVE VII

"Hay dos dimensiones reales y fantásticas de las mujeres que proviene de la configuración tradicional de género y que precisamos desmontar: una es la omnipotencia de género, esa creencia fantástica de que lo podemos todo, y que en el caso de las mujeres sincréticas se duplica porque la modernidad nos exige que lo podamos todo, que seamos perfectas. Collette Downing en su libro *Mujeres Perfectas* analiza los estragos que causa en las mujeres el esfuerzo de tratar de ser perfectas.

Esa omnipotencia nos viene de la cultura de la maternidad. Desde muy pequeñas somos educadas para ser madres todopoderosas; nos educan para serlo desde niñas y no al crecer como se nos hace creer. En la práctica vamos siendo madres omnipotentes de otras personas cuando ni siquiera hemos aprendido a cuidar de nosotras mismas y esto produce lo que Franca Basaglia llama "el sentimiento de orfandad". Muy pequeñas, de manera precoz se nos enseña que ser mujer es cuidar y tenemos que hacernos cargo de hermanos, hermanas, e incluso de las propias madres, quienes se apoyan en sus hijas, como si sus hijas pudiesen ser sus madres. Ese es un modelo típico latinoamericano de maternidad: las madres huérfanas hacen de sus hijas sus madres.

Para construir la autonomía de las mujeres tenemos que hacer una lucha política contra la precocidad y no sentirnos orgullosas de tener hijas precoces. Debemos reconocer que todas somos hijas de una semejante, quien a su vez es hija de otra semejante, y ahí hay una retransmisión de género donde hay un déficit de orfandades heredadas, no por la vía biológica, sino transmitida, en la búsqueda de alguien que nos cuide. Las mujeres vivimos tocando puertas, buscando quién nos cuide y por ello tenemos que hacer una reforma política de la vida cotidiana, para no ser construidas –como género ni como personas- sobre un déficit de cuidados. Necesitamos acoger a las niñas, proteger su desarrollo, no convocarlas a la precocidad, no convertirlas en cuidadoras. Esto es una revolución profunda de género que implica muchos cambios culturales". *Marcela Lagarde y de los Ríos. Cuadernos Inacabados, 48 Claves Feministas para mis socias de la vida*

NORMA FUENTES-MAYORGA

De antemano, pido disculpas por mi pobre español. Desafortunadamente, es lo que queda de una emigración forzada. Los(as) niños(as) no deciden cuando o por qué emigran, ni en dónde vivirán o qué precio pagarán sus padres o ellos(as). Hablo de la declinación de mi lengua natal, la cual no he podido dar a mis hijas como me la dieron a mi. El no volver a ver mis amiguitas de adolescencia. El no poder ver crecer a mis primas, los hijos de mis hermanos ni el envejecer de mi abuela. Más que todo, siento el no conocer antes la luz y el color del cielo en cuaresma de mi pueblo, sino después de ser mujer. Aún así, llevo conmigo el olor del arroz y de la habichuela del medio día. El silencio de las siestas, las voces de los maniceros y de los plataneros, en el anochecer y en despertar. El olor de la albahaca y el jengibre de los teces de mi abuela y el humo de sus víveres servidos con queso frito en la mesa. Anhelo más que todo, el sonido de las lluvias en los techos y la magia del mecer de los cogollitos de las matas de palmas y los pajaritos que se aferraban a estos, durante tiempo de aguaceros.

Mis memorias de adolescencia y las de ahora, se funden en cada viaje para darle nuevo sentir a mi vida: el color del mar azul-marino del aeropuerto, el claro verde-tibio del de Boca Chica, los busco siempre desde mi ventanilla del avión para calmar los nervios del despegue. Escondo en mis maletas, el aroma de mi viejo campo: el dulce de batata, los gandules hervidos de mi abuela, el orégano molido para mis tías, las canquiñas para mis niñas y las vainillas del mercado Duarte para mi madre. En medio de la fea cotidianidad de Nueva York, recuerdo las huellas de mis dedos en las botellas de "novias blancas," ahora las"lights" de etiqueta plateada, de las nuevas Presidentes, tanto ellas como el mar siempre me incitan al regreso. ¡Pero cuando no puedo volver, me duermo con la memoria del bello lugar donde comí el último mofongo con chicharrón de pollo, debajo de aquellas matas de almendras, cerca del mar, que disfrutan más aún los turistas, con las espumitas que estallan al chocar las olas en las rocas del Malecón, los Domingos!

Traigo de mis últimos viajes, el orgullo de las jovencitas de pueblo al lucir, con sus nuevos pantalones blancos, sus pelos recién desrizados. Pero, mas que nada, su libertad y ascenso social pagado por las remesas de madres ausentes. Siento la complicidad al volver a saborear un plato de cangrejo "guisao" con tostones y aguacates. Re-encontrarme con el deleite de mi adolescencia --un pedazo de bizcocho con refresco rojo-- y en el recordar el orgullo que sentía en invitar a mis amiguitas del colegio, con los dos dólares que mandaba mi abuela desde New York, ¡cada primer día del mes!

Llevo grabada en memoria la magia de mi bella y corta adolescencia. El aroma del café en el colador de mi abuela. La dignidad y la humildad de su pobreza; pues como solía decir ella, esa era mi única herencia. Las palabras de esta feminista mesiánica, que apenas podía deletrear los titulares de periódicos viejos que guardaba junto a su Biblia, me formaron el carácter. Con el saber del tercer grado de una escuela rural, supo proteger a sus hijos(as) y a esta nieta, del mal del analfabetismo y de la crueldad de los ignorantes, todo su Evangelio, su dignidad de pobre y la fortaleza interna de una joven bella y viuda, quien a los 28 años, perdió a su esposo por no tener dinero para pagar por una receta.

Mi abuela nunca más se volvió a casar. Decía, que nadie la amaría o toleraría como mi abuelo, un evangélico tímido, de sonrisa iluminada quien desde los 14 años trabajaba con americanos misioneros. Quien además, apenas con 15 años, dirigió como pastor una pequeña iglesia de tablas, en una loma rural, en la *Catalina Alta*, dentro de la provincia de Cabrera, protegida por mares de Nagua y de Río San Juan. En esa *Catalina* de mis abuelos nací yo, cerca de medio siglo atrás. En el día de San Rafael, el santo patrón del sátrapa Rafael Leonidas Trujillo, un 24 de Octubre, a eso de las 5 de la mañana, en medio de un diluvio torrencial, un rojo lodazal, como alegaba mi abuela y de una madre adolescente de 17 años, bella y cabezona como mula. Ese 24 de Octubre, con la misma tía-abuela-partera con quien nació mi madre, con la misma tijera y en la misma cama de mis abuelos, nací yo. Hija primogénita, llorona y pobre, pues mi padre, un hombre 20 años más viejo que mi madre, médico idolatrado en mi pueblo, buen mozo, rico y bien casado, había robado la honra de mi madre y de su familia. En esa pequeña *Catalina* hermosa, sin mosquitos y con olor a mar, también nació mi abuelita materna, quien por muchos meses tubo que mecer mi hamaca para calmar el llanto inconsolable del despechado de una bebe por la leche de su madre. Pues a los 6 meses de nacida, mi madre de solo 17 años tuvo que emprender su primera emigración forzada en busca de un trabajo y de unos pesos para mi leche.

En esa hermosa Catalina yace ahora muy dormida mi amada abuela-madre, Justina Martínez Eusebio-Acosta, al lado de su esposo, Ramón Pereyra de la Cruz. A quien nunca conocí, pero a quien si aprendí a amar basado en los cuentos de mi abuela. Ella cuando quería contentarme, me decía que yo, mas que cualquier otra nieta, era la única privilegiada en heredar el alma y las tiernas manos de mi abuelo. Mi abuela pidió que la enterraran al lado de el, para reunirse con el después de muerta y unos 55 años de larga espera. Descubrí, hace poco, cuando de nuevo les visite en su tumba, que alrededor también yacen los nombres de todos mis bisabuelos, muchos de mis tíos y tías abuelas y primos de mi madre. Me pareció chistoso y también triste, que un pequeñito cementerio abandonado de pueblo, este lleno (al parecer) solo de tres familias y de la historia de sus enlaces: "Eusebio-Acosta con García y Martínez; Pereyra-de la Cruz con Castillo; Alonzo-Acosta con los Minaya". Más que todo, me sorprendió el sentirme tan a gusto en ese solitario y ajeno lugar, al ver por doquier la prolífica historia de una familia inmensa la cual nunca pude conocer. Me pregunto si también yo algún día le pediré a mis hijas, lo que mi Mama me ha venido pidiendo, "¡cuando muera, hija mía, llévame por favor al lado de mi madre!" O, si como emigrante de generación 'perdida' tendré que encontrar un nuevo espacio entre el mundo de mis dos madres y el de mis cuatro hijas.

Creo que fueron las palabras proféticas y las bendiciones de mi abuela, de esa antigua feminista, las que me llevaron a luchar por una carrera como socióloga, para abogar por los pobres, por las madres abandonadas, por la igualdad de los emigrantes. La emigración de mi abuela y la de mi madre, desde el campo a la ciudad y desde una ciudad de mi país a la ciudad a Nueva York, cambiaron mi vida para siempre. Llevándome a lograr lo que jamás hubiese sido alcanzable dentro de mi clase de origen social. Muchas de las cosas que mi abuela solía decir cuando yo crecía, las llevo como escudo en mi pecho. En ese entonces me parecían duras, pero ahora me doy cuenta que tan duro fue su mundo. A pesar de ello, quisiera a veces poder usar sus palabras para darle a mis hijas el deseo de luchar y el valor de una dignidad moral.

¡Pero en esta sociedad, sin el calor de mi familia y con la fiebre del Internet y del facebook, las ventas de jovencitas pre-pubertad, las palabras de mi abuela y aún las mismas mías hacen solo reír o sonar el 'chuipe' en la boca de mis hijas! Pero aun así, deseo compartirlas con ustedes, pues imagino que a nadie mas, le caerán en gracia y también porque sé que la formación de mi abuela a todas siempre nos unirá: "¡Amárrate ese pajón que me das calor!; ve cámbiate que se te ensucia el pantalón!; busca oficio, ¿que tu haces ahí?; Vístete como la gente decente; no ande pelando tanto los dientes! ¿Y que pantis tan curtidos? ¡No te da vergüenza! ¡Si te llega a pasar algo, que dirá la gente! No se rían con esa bulla, pensaran que somos plebes; busquen oficio, las muchachas buenas siempre están ocupadas; ninguna mujer consigue algo bueno en la calle." "¡No aprendas a cocinar o te lleves de mis consejos y veras como pasaras trabajo! ¡No sabes lo triste que es el que digan que no sabes ni pelar un plátano, cortar un pollo; o, ¡colar un café! "Lee la Biblia a diario; es el único camino a la salvación; no te olvides el camino de la verdad – ¡Jehová! ¡La vida de los ricos y la fantasía del mundo, son espejismos a! Hay, mi hija, estudia, aprovecha, mira a tu pobre vieja. Tienes que estudiar, pues es la única forma de salir a delante; de ser libre; es lo único que ni hombre, ni gobierno, ni la misma muerte, podrá robarte." Mira tu, pásame ese vaso, por favor, a ti, Esperanza, Doris, Felicia, a ti misma condenada muchacha, tu sabes que a ti es que te estoy hablando. ¡Esta gente me van hacer condenar!"

¡Ah! Mis datos autobiográficos: Soy profesora universitaria. Trabajo en la universidad de Fordham, en el campo del Bronx, aunque puedo contar con mis manos los estudiantes hispanos que he tenido en mis cursos ¡desde que empecé en los ultimo 4 años! Parece mentira que las verjas grandes, de acero medieval, que separan la Universidad de los vecindarios del Bronx, donde la mayoría de Hispanos, negros y pobres viven, estén diseñadas, precisamente, como la frontera entre México y los EU, para mantenerlos fuera. Pero, bueno, no puedo morder (públicamente) las manos que hoy me sostienen. ¡Para esto necesito primero que la Universidad me de un contrato de trabajo permanente! Me gano la vida tratando de entender la emigración Dominicana, su consecuencias para las mujeres Latinas en los EU. Soy una rara feminista, pues aunque escribo sobre mujeres vengo pensando también mucho en las condiciones de los hombres, tanto aquí como en la Isla. No los puedo ignorar, pues siento que la historia del patriarcado y del racismo en esta sociedad ha sido diferente a nuestra historia en la RD o por lo menos, ha tenido otro contexto e internalización entre nuestra gente. Las consecuencias de las mismas aun no podemos de cerca percibir, mucho mas para los dos géneros.

A los 20 años empecé a trabajar en Columbia University como secretaria de un viejo cascarrabias y mañoso, a quien 10 años mas tarde pude reconocer como un gran pensador (pues era muy jovencita cuando empecé y no tenia la educación para saber el privilegio del trabajar a su lado). Ese profesor, sentía yo, que a veces se burlaba de mi pobre educación y me recomendaba que tomase cursos de Ingles y de oratoria para borrar mi acento étnico; mas que para ayudar mi gramática en el Inglés. Sus comentarios me lastimaban pero no tenia las herramientas para saber por qué. Al educarme y al pasar los años, me di cuenta que el tenía razón, pues no había recibido una buena educación en los tres años de escuela pública que complete en este país. Por eso, creo he seguido estudiando, aprendiendo el idioma de los blancos, su forma de pensar y de aislar a los Hispanos, para con ello, algún día defenderme y abogar por la igualdad de mi gente.

Tengo cuatro hijas de 7, 12, 17, 30 años ¡y una nietecita de dos!. Las primeras, el resultado de dos matrimonios, uno a los 17, el otro a los 30, ¡y la ultima, la decisión feministas pero impertinente de mi hija mayor! Aunque fui madre a los 17 años, nunca deje de estudiar, pues, de una forma u otra me daba miedo tener que depender de un hombre o peor, vivir en la pobreza. Pero más que todo, ya se lo había prometido a mi abuela. A veces, le digo a mis estudiantes, para hacerles reír, que el primer chico que me miro me dejo embarazada y, ¡que así es el amor intenso de los Hispanos! Mi abuela paterna, la cual conocí a los 10 años, en el mismo año que conocí a su hijo o a mi padre, me advertía algo parecido: "mi hijita, nunca estés sola con un hombre en un cuarto cerrado pues te puede robar la dignidad; no te seques con las toallas de los varones, ¡puedes salir embarazada!" Mi segundo esposo cuando me miró, me robó el alma más que el cuerpo. Creo es por eso, que aún creemos en el amor, ¡aún después de 20 años! Ha sido por su apoyo y el de mi abuela y sobretodo por la valentía en la emigración de mi madre, las razones por las cuales he podido llegar, como el pajarito de palmas, aferrada tan alto en el cojogito de este nuevo país.

En el 1982, fui aceptada a la Escuela de General Studies (o educación de colegio para adultos, pues ya tenia 20 años) de Columbia University y 23 años más tarde, en el 2005, salí de allí, ¡con un BA, dos maestrías (MA, MPhil), un doctorado (PhD) en sociología, un nuevo esposo, y tres hijas mas! En el 2005, mi abuelita aún estaba en su pleno juicio cuando viaje para llevarle mi diploma del doctorado; las fotos, y los acontecimientos de la graduación (ella ya no podía viajar por el mal estado de su corazón). Mi abuela, creo, entendió mejor mi logro que mi madre, quien aun hoy en día, también con un tercer curso de primaria de la escuelita de loma de *Catalina*, y a pesar de ser muy capaz y mandona, nunca entiende lo que es un "PhD". Ella se llena de orgullo en decir en su iglesia que soy trabajadora social y que ayudo a los emigrantes. Mi madre siempre me recalca que porque todo el mundo que ella conoce acaba la escuela y después descansa y por qué yo nunca paro de estudiar? ¡De por qué en vez de estar mejor, siempre me veo peor; más cansada, con ojeras, y con el pelo despeinado!

Pero, como ese pajarito negro que se aferra a la puntas del cogollito de las palmas, he vivido en este país desde los 14 años, sin pertenecer por completo al grupo de mi mama, de esas mujeres que emigraron como adultas, ni al de mis hijas, quienes nacieron aquí. Vivo en el medio de dos mundos. Lo cual me ha permitido ser a veces privilegiada y muchas otras aislada, flotando en un espacio nuevo y desconocido ¡en el cual nada tomo por dado! Este 'estar en un 'entremedio' también me ha ayudado a ver críticamente las dos culturas y los niveles de entre-lazos y abrir la boca y opinar cuando muchos se reservan. Es por esto que quisiera que ustedes, que son las que enfrentan las condiciones personales del diario vivir dominicano, y las que con su bellas inspiraciones la pueden describir, me ayuden a canalizar el poquito tiempo que tengo libre para ayudar en lo que pueda a escritoras feministas y al futuro de sus hijas en este país.

CLAVE VIII

"… parte de la lucha contemporánea por los derechos de las mujeres es una lucha por la construcción de la autonomía de las mujeres, pero además es una lucha para transformar la autonomía existente de los hombres, que es funcional a las relaciones de dominación.

Esto implica una revolución en el campo del poder, involucra cambios profundos en la autonomía existente de los hombres, que es su propia construcción de género masculina. Por lo tanto, implica transformar la construcción de género de los hombres, aquella que se ha construido sobre el impedimento de la autonomía de las mujeres. Es por ello que construir la autonomía de las mujeres implica transformar la autonomía de los hombres.

Por estas razones, la constitución de la autonomía debe ser analizada desde los sujetos: desde las mujeres y también desde los hombres, pero con un nuevo sentido. La autonomía por género, para cada género, implica un nuevo pacto entre ambos. Implica la democracia genérica, es decir, la posibilidad de establecer relaciones de equidad entre mujeres y hombres".
Marcela Lagarde y de los Ríos. Cuadernos Inacabados, 48 Claves Feministas para mis socias de la vida

NACÍ EN LA DÉCADA DEL 1980...

Soy Hortensia González-Gómez, la tercera hija de Teolinda Gómez y Salvador González. Nací hace ya 56 años en la ciudad capital de Santo Domingo. Justo en el barrio Mejoramiento Social en la antigua calle Ercina Chevalier, hoy Juana Saltitopa. Fui recibida en la maternidad pública. Mi madre me dice que nací toda una muchachota con 9 libras, que siendo bebe fui bien tranquila...tan mansa que de tanto permanecer en la cuna todo el pelo de mi cabeza en la parte de atrás se me cayó por estar en esa posición y estuve como hasta los seis años sin hablar. Ya crecidita cambié y devine en una niña más aguerrida -compensaciones de la vida- convirtiéndome en una perfecta marimachito que disfrutaba jugar y marotear. Mis primeros estudios elementales los realicé en una Escuela Hogar ubicada en la Dr. Betances y luego en la escuela primaria República del Perú. La intermedia y secundaria las completé en el combativo liceo Juan Pablo Duarte. Ingresando luego a la UASD donde inicié estudios de historia, los cuales no finalicé. Mi desarrollo se dio dentro de una esfera bien restringida por el tipo de familia que tenía y por mi práctica religiosa de entonces. Mi iglesia era la Asamblea de Dios y creo que allí en la avenida Duarte con Eusebio Manzueta fui acumulando experiencias que hoy puedo revisitar y valorar. Pienso que mi vida está marcada por un antes del 1980 y un después...puedo decir que nací en 1980, cuando comencé a descubrirme como mujer. Haber estado en el CEDEE, en el Equipo Nosotras, en el grupo de mujeres negras Identidad, los Cocuyos y otras experiencias culturales y organizativas forjó mi carácter.

Haciendo trabajo cultural en los Cocuyos, conocí a Rafael de los Santos -quien es mi compañero- tenemos un hijo, Manolo Enrique y una hija, Abril. Por asunto de amor, emigre a USA en 1990. Desde esa fecha hasta ahora muchas aguas han corrido a través de mi vida en esta ciudad de hierro conocida como la Gran Manzana. Desde 1997 trabajo en el Centro de Desarrollo de la Mujer Dominicana.

Los años han pasado y mi crecimiento aún sigue. En estos momentos estoy en una etapa súper interesante de mi vida. Retomé los estudios para conseguir la licenciatura (BA) en servicios humanos, con miras a la maestría. Como desde niña me ha gustado escribir, me decidí y publiqué mi primer libro *("A través de mis ojos, lo que ella me contó")* y ahora estoy trabajando en lo que serán las próximas publicaciones: *"Párrafos del alma y de otras latitudes"* y *"Tras la lluvia de abril"*. Como practicante de la fe, estoy trabajando en la Iglesia San Romero de las Américas, construyendo el reino aquí y ahora. Con alegría, estoy viendo el despegue emocional de mi hijo e hija, pero sobre todo, viéndome a mí como una mujer en plena capacidad de vivir con sueños y metas que seguir. Soy una feminista en crecimiento, disfruto de estar con mis amigas, oír música romántica & alternativa, llenar crucigramas, leer, estar a solas; de vez en cuando me gusta jugar domino, parche chino y tomar vino.

Me deleito en la observación de las pequeñas cosas y del olor que transita en mi entorno.

CLAVE IX

"Buena parte de la vida la pasamos las mujeres transmitiendo órdenes, regaños, deberes, obligaciones y quejas. La queja constante en una de las más grandes expresiones de la impotencia aprendida en las mujeres; ya sea como comunicación con Edmundo, como reclamo o exigencia que se hace no para resolver sino para ser consolada; es una búsqueda de conmiseración, caridad, piedad, o sea, de manifestaciones afectivas de la dominación y no de alternativas.

En el discurso cotidiano de los hombres la exhibición de los éxitos ocupa el mismo espacio que en las mujeres ocupa la queja y la norma. Para los varones es el discurso del yo: lo logré, lo hice. Llegué, pude, transformé, resolví, me peleé. Es un discurso del yo exitoso, que aun cuando el logro sea inadecuado, logra.

En la metodología de la construcción de la autonomía en la vida cotidiana, se trata de construir la posibilidad del silencio para no buscar la conexión fusionada a través de la palabra. El silencio es un espacio necesario de la convivencia. Sin embargo, la mayor parte de las mujeres configuradas tradicionalmente, sentimos angustia cuando nadie habla, somos adiestradas para poblar el silencio, lo cual impide que se desarrolle el discurso de los otros(as); a al revés, hemos sido enseñadas a callar por sometimiento y asociamos el silencio con que hemos sido vencidas". *Marcela Lagarde y de los Ríos. Cuadernos Inacabados, 48 Claves Feministas para mis socias de la vida*

JUANA SÁNCHEZ-MCNAMEE

Nacimiento:

Nací un 8 de agosto, según mi Mamá, un martes en la mañana y según el almanaque Bristol el día de San Juan Vianney. A Mamá le gustaba el nombre de Maribel para su hija. Papá muy devoto de la Virgen de la Altagracia, quería que todas sus hijas llevaran el nombre de la Virgen. Mi madrina dijo que se debía respetar el nombre del santo en el almanaque. Para complacerlos a todos mi nombre es Juana Maribel Altagracia Sánchez Rodríguez.

Para mi familia y los que me conocen antes de entrar a la Universidad, soy "Mary" o La Morena. Para aquellos(as) que me conocen después de entrar a la universidad, soy simplemente "Juana".

Mi Familia:

Soy la más pequeña de mis padres. Aclaro, Papá, Ángel Sánchez Munoz "un moreno buen mozo" apodado Capitán (después decidió cambiarse el nombre, pero esa historia hay que contarla luego), nació en un campo de Santiago llamado Puñal. Papá se casó en primeras nupcias con una señora muy buena gente llamada Alicia Burgos, con ella procreó tres hijos: Altagracia (tata), Luciano (Soriano) Orlando (Guingo). Luego se separó y se enganchó a la policía y luego procreó otra hija llamada Rafaela (Fela). Mamá, María Jacoba Rodríguez (así con un solo apellido) apodada Titi, (Mujer feminista sin saberlo) también caso en primeras nupcias con un señor llamado Manuel Báez y procreó un hijo llamado Rafael (Rafelito).

Después de muchos años, Mama y papa se casaron (se cocían de antes porque las familias eran amigas), y nací YO, "el nidal, "la mas chiquita de la familia", titulo que orgullosamente todavía ostento. En mi casa los hijos(as) de papa, mis hermanos(as), venían de pasadía, de vacaciones, se quedaban, se iban, volvían, pasaban un rato, según ellos querían. El hijo de mama Rafelito, se fue a estudiar a Méjico, igual, venia de vacaciones, se iba, volvía, se quedaba, se casaba, se divorciaba, se volvía a casar etc. Pero lo bueno de todo es que todos somos hijos(as) y todos(as) somos hermanos(as), nunca en mi familia se han utilizado las palabras medio hermano(a) o hijas(os).

Creciendo en el barrio de los Pepines (Territorio Libre):

Soy orgullosamente Pepinera, mi casa esta en la Calle Vicente Estrella #90 antigua calle Los Pinos, (si algún día usted pasare por ahí, pues dentre) . No puedo decir que soy Pepinera sin hablar un poco de política. La familia de papa entiéndase, hermanos, tíos y primos eran todos policías y balagueristas del campo venidos a la ciudad (Incluyendo mi hermano Luciano). La familia de mama era ultra izquierda, entiéndase PCT, PTD, PACOREDO, después PRD y PLD, todos de ciudad y pepineros, crecí entre un medio político medio peligroso. La ventaja que tenia la familia de mamá era que cuado caían presos, papa se aseguraba de que se le diera comida y si se podía los sacaba de la cárcel. Papa también tenia acceso a la famosa lista que llegaba al cuartel donde informaban quienes eran los "comunista" "enemigo del gobierno", y si el veía en la lista un nombre de algunos de los muchachos del barrio (que era casi siempre), se los informaba a mama. Quien se encargaba de hacérselo saber a las mamás de esos muchachos.

La ventaja de nosotros, en el barrio de los Pepines era, que la casa del Capitán Sánchez se respetaba, no se quemaba, ni se le tiraba piedras.

Muchos anos después la cosa como que se arreglaron en el barrio cuando el PLD tuvo la genial idea de aliarse al partido reformista para ganar las elecciones, ¿quien lo iba a imaginar?

Yo crecí siendo la hija del Capitán y de Dona Titi. "Ella nos es bonita pero simpática y se ríe mucho" decían los del barrio. El ser simpática y reirme mucho me gano otro titulo el de "chivírica'. Tenia muchos "enamoraitos". Pero tenia que ser a escondidas porque todo el barrio le tenia miedo a papa (miedo no respeto como decían).

Pero con todo y miedo, gocé mucho, me fascinaba bailar el Pingüino y el Tabaco. Le di amores casi a todo el que me lo pidió (amores de los de antes, un besadita, un agarradita de mano y una quemaita en un fiestecita).

Educación:

Realicé estudios primarios y secundarios en el Politécnico Femenino Nuestra Señora de las Mercedes. Con unas monjas y maestras chulísimas que nos enseñaron etiqueta y protocolo, a bailar, a maquillarnos y a comportarnos decentemente como señoritas ¡Ja! ¡Ja! Eso por igual, no me impidió ser una "chivirica". Estudié Trabajo Social en la Universidad Católica Madre y Maestra.

Dejo, al igual que un conocido político dominicano, una parte en blanco no por culpabilidad sino por negarme a recordar...

Mucho tiempo después…

Estoy casada en segunda nupcias con un señor americano, Ernest McNamee medio loco pero buena gente, veterano de la guerra de Vietnam y policía retirado de la ciudad de NY.

Mi mejor obra hasta el presente es mi única hija Madeline María McNamee. A quien he tratado de enseñarle, entre otras cosas, el valor de la solidaridad y de la amistad.

Trabajé por 16 años en "Alianza Dominicana Inc." Allii me ayudaron y me dieron apoyo cuando más lo necesité. Aunque ya no trabajo ahí, como que nunca me he ido del todo, y regreso a ella que da vez que los necesito. Mi hija era parte del grupo de baile, ahora es parte del equipo de basketball.

¿Quien es Juana? :

Soy madre, esposa, amiga, compañera, dominicana, santiaguera, cibaeña, Pepinera, aguilucha, ex PLDista, medio comunista, demócrata, chivirica, aprendiz de todo, trabajadora, curiosa, despistada, camarada, compatriota, activista, últimamente un poco deprimida, medio menopáusica, escandalosa, ciudadana, solidaria, soñadora y muchas otras cosas que por pudor no me atrevo a mencionar.…

CLAVE X

"Cuando nos des-enamoramos, lo primero que aparecen son los defectos que negamos durante el enamoramiento. Esos defectos ya no aparecen chiquitos y reducidos, sino magnificados, se vuelven gigantes. La persona adorada se vuelve detestable, quien era reconocido y valorado ya no vale la pena. Le damos totalmente la vuelta a la tortilla. De esta lucidez no debemos hacer una tragedia. Una clave muy importante para salir del enamoramiento y para poder iniciar el amor y negociar en las relaciones de amor, es tener capacidad de humor. Sin humor no llegamos ni a la esquina. Humor en el sentido de eliminar de nuestras vidas el romanticismo trágico y de introducir un análisis que nos permita de vez en cuando reírnos a carcajadas de las necedades que el amor nos ha hecho ir haciendo por la vida.

Es fundamental el ubicar la cantidad de problemas a los que nos conduce el estado de enamoramiento. Si yo le dijera a cualquier enamorada: lo que más te deseo es que salgas del enamoramiento para que ingrese al amor, se molestaría. Y no debería molestarse. Una condición importante para el amor es poder recuperar el principio de realidad. Necesitamos recuperar el sentido del yo misma, que es lo que perdemos en el enamoramiento al fundirnos con la persona amada. Con esto lo que se recupera es tu propio cuerpo, estamos expuestas a diferentes enfermedades, te duele la cabeza, no duermes a veces, Clara Coria, psicoanalista feminista

Argentina, una de nuestras entrañables, dice que es preciso que las mujeres tengamos una determinada conciencia para poder negociar en las relaciones de amor y de pareja. Y sostiene que necesitamos colocarnos en una conciencia moderna como persona con derecho. Es algo en lo que han insistido mucha feministas: asumir ese concepto que hemos construido las mujeres modernas en el mundo: la ciudadanía. Asumir nuestra ciudadanía. Cualquiera diría que el amor y la ciudadanía no tienen nada que ver. Pero desde la perspectiva de género feminista tienen todo que ver. En el mundo actual, poder transitar a relaciones de parejas diferentes, sobre todo satisfactorias para las mujeres, pasa necesariamente por tener la conciencia de tener el derecho de tener derecho”. *Marcela Lagarde y de los Rios. Cuadernos Inacabados, 48 Claves Feministas para mis socias de la vida*

ISABEL MEJÍA

Quizás porque soy la primera hija en la familia, cada quien quería tener parte en mi identificación, así que tengo un nombre relativamente largo; Isabel por mi abuela paterna, Manuela no se por que, de Jesús para protegerme de males. Nací en la casa con una comadrona llamada Eloína Rodríguez, el día 9 de enero de 1947, según me cuentan fue un parto muy difícil, pero mi mama Elesia Francisca Campos Gutiérrez, fue una mujer muy fuerte en todo el sentido de la palabra. Hace muy poco nos dejó y su partida la ha dimensionado aun mas ante todos nosotros.

A mi padre Aníbal Mejía Díaz, quien me decía

Chavey, el recordarlo me alegra y me transporta a la magia de mi niñez. Jugaba conmigo, me sentaba en su pierna, me decía mira para arriba y entonces el siempre sorpresivo ¡¡¡Timbola gallina bola!!!, haciendo un pequeño toque en mi garganta. Eso me daba una risa que no podía parar. Luego me agarraba las manos y me estrellaba los dedos uno por uno, para ver cual era hembra y cual macho, lo cual me dolía muchísimo, pero me encantaba, porque a veces estaba tranquilo y yo le decía papa ¿jugamos timbola?.

De pequeña era cascarrabias, recuerdo un día en la escuela primaria se me sentó una compañera de clases (Senovia Peralta así se llamaba) con su brazo encima de mi y le dije tu hueles a grajo. ¿Para que dije eso? me cayó encima y nos fuimos de bruces entre los pupitres. Vino la profesora nos separó. Luego uno de los alumnos se fue corriendo y se lo dijo a mi hermano que estaba en otro curso. Vino agarró la muchacha y le dijo tu eres muy vieja para darle a mi hermana ahora te voy a dar a ti. Se armó otro titingo y llamaron a la Directora (Dona Camelia) y me votaron por un mes de la escuela. Era pelionera, pero medio cobarde cuando veía la verdad. Tuvo mi papa que venir conmigo para que me recibieran de nuevo en la escuela ya que lloraba a diario por regresar a la escuela y me decían ¡¡¡tu estas de castigo!!!. Cuando regresé me gané un premio en Literatura de 50 centavos, en ese tiempo era mucho dinero para mi. Que orgullosa me sentí, les brinde chulitos a todas mis amigas.

En mi campo el Puente de Mao siempre tenia berrinches con las amiguitas porque me decían palo de bandera, pezcueso de violín y arenque en almíbar. Yo era muy delgada de ahí todos los nombres. Eso me enfurecía y siempre estaba enojada. Me acuerdo que la que lo decía se llamaba Sur Avenida, ¿que nombrecito ese eh?, pero yo le decía ¡¡Survenida medio raro también!! ¿Verdad?, ella desde su patio que quedaba contiguo al nuestro me vociferaba: ¡¡¡Palo e banderaaaaaa!!!, me ponía como una fiera quería arrancarle todo el pelo si la agarraba, pero siempre se escondía, así la recuerdo. Su abuelo que en paz descanse se llamaba Méndez, pero yo le decía Mendre, me gustaba ver como masticaba la comida moviendo sus grandes mandíbulas sin dientes, yo me reía de el para molestar a Survenida, lo dibujaba bien feo, con un rostro espantoso, de ahí comencé creo comece a dibujar feos rostros (pintar sin saber).

Luego más adulta nos decían las Mirabales ese nombre era para todas las hermanas, también me enojaba, quizás si hubiera sabido quienes eran esas valientes mujeres en ese tiempo me hubiera sentido orgullosa del sobrenombre.

Me gustaba hacer muñecas de la tusa del maíz. Les ponía todos sus accesorios y que hermosas encontraba que me quedaban (artesana sin saber hasta el día de hoy). Me gustaba aprender canciones para luego escribirlas en pequeño folletos. Escogía los papeles que envolvían los alimentos de las pulperías (escribir sin saber), les ponía las fotos de los artistas a dicho folleto, que en ese tiempo yo diría era un cancionero de quinta mal hecho, pero me gustaba como lo hacía. Siempre pongo empeño en lo hago aunque me quede feo, es mi trabajo y lo aprecio. Recuerdo que mi mama nos hacía unos sayones de vestidos que no me gustaban y le decía mama yo puedo ayudarte a coser. Siempre estaba pegada a la máquina con ella, hasta que aprendí a pedalear en su máquina Singer. Había momentos que la máquina no daba ni para adelante ni para atrás, recuerdo que mi mama decía échale aceite tres en uno, ni corta ni perezosa les echaba el aceite de comer y se ponía peor, pero hacia lo que podía para aprender.

En la escuela tenia una profesora llamada Chavela

que me enseñó manualidades y el famoso dechado con distintos bordados y tejidos. Ella me ponía como su ayudante (asistente), luego llegó a mi campo una promotora de ODC (Oficina desarrollo de la Comunidad) Venecia Tejada, así se llamaba la promotora, llegó preguntando por alguien que le interesara trabajos manuales y le dijeron allí vive una joven que le gusta hacer flores de papel. Me buscó y formamos un centro de Madres, al ver que me gustaba tanto la artesanía me mandaron a la capital a hacer un curso de Papier Mache, para hacer ánforas y flores de todo tipo en dicho material. Todavía conservo el diploma que me dieron eso fue para mi como un master en vida de también que me sentí. Cuando regresé me pusieron de maestra y tesorera de dicho centro. Así va una definiéndose a través del tiempo.

Mi papa me llevó a un hospital de Mao y me pusieron a practicar enfermería. Luego me mandaron a Puerto Plata al Hospital Ricardo Limardo y me hice asistente de enfermería, ejerciendo esa profesión por mucho tiempo. Luego decidí dejarla porque no me gustaba hacer servicios de noche, ni tampoco me gustaba cuando moría un paciente llevarlo a la morgue.

Decidí hacer un Secretariado Ejecutivo, en ese intervalo de tiempo nació mi primer hijo, Harold del que estoy muy orgullosa por ser un buen hijo. Después de pasar un tiempo tuve mi segunda hija, Carolina excelente hija, me trasladé a Santo Domingo a trabajar en la Secretaria de Agricultura en la capital. Luego ingresé a la Universidad Autónoma de Santo Domingo (UASD), fui matrícula 80. Asistí a la universidad, pero no me gradúe. Trabajé 10 años en la Secretaria de Agricultura. Luego emigré a los Estados Unidos con mis dos hijos y mi esposo (ahora ex esposo) en el año 1987.

Llegué a Rhode Island, aquí mis hijos comenzaron a

estudiar. Harold estudió Mecánica y Desabolladura en Central High School y mi hija Carolina estudió en la Universidad Cornell, la carrera de Ingeniería Mecánica Aeroespacial. Luego hizo una Maestría en la Universidad de Virginia en Business y Administración. Trabajó en el Banco de Reservas de los Estados Unidos en Pratt & Whitney (NASA) y otras instituciones. Ambos casados felizmente hasta el momento, luego llegaron mis nietos Justin y Jenny y otra que esta por nacer en este momento.

Trabajé cuando llegué a Rhode Island en una factoría de vegetales. Luego en una fábrica de estuches de lentes en una máquina industrial a la que jamás le había puesto mis ojos. Me preguntaron, ¿tu sabes hacer esto? y yo le dije ¡si!, ¡Sólo explíqueme! y enseguida comencé a tirar estuches de lentes como cuando una puerca pare 10 lechoncitos por minutos, y si no quito la mano rápido me la lleva, pero al final pude hacerlo bien, luego me dije: en esta jodienda estoy muy agitada no podía ni respirar solo atender la producción, bueno no tengo que decirles más ya se lo imaginan.

Decidí buscar otra opción de trabajo. Alguien me dijo, en la calle Broad hay una oficina de personas hispana, solo que es sin fines de lucro. Fui apliqué y me escogieron como promotora de la salud voluntaria. Dando información a las personas hispanas sobre el censo que se estaba llevando a cabo en ese tiempo, folletos sobre seguro médico e inmigración. Luego me pusieron a ganar algo. Allí me sentí bien porque podía ayudar a mis hijos con la tarea de inglés, ya que no sabía ni gota de inglés. Me acostaba a las 12 de la noche buscando palabras en el diccionario para ayudarles, me sentí bien porque ellos aprendieron bien rápido.

Se presentó una oportunidad política en República Dominicana. Me fui a hacer un curso de actualización diplomática en la Cancillería Dominicana y me nombraron Vice-Cónsul en Boston y Rhode Island por 4 años. Luego comencé a estudiar pintura con un profesor privado. Actualmente tengo más de 900 pinturas. He realizado exposiciones privadas y colectivas. Soy artesana, mis obras se han expuesto ampliamente. Comencé a escribir en servilletas y coleccionaba todo lo que escribía. No votaba ni un papelito, llegó un momento que me dije ¿y que hago con tantos papeles?, lo que dio como resultado escribir mi primer libro "Camino de Papel", el cual expuse en la Feria de Escritoras Dominicanas en Alianza Dominicana en New York. Todavía conservo todos mis papeles, pero en un libro artesanal que yo misma confeccioné. Escribí mi segundo libro y pienso publicarlo en la próxima feria. Un tercer libro quiero editarlo con las pinturas que he hecho.

En este momento hice una artesanía en papier mache: Monumento a los héroes de la Barranquita de Mao y lo voy a exponer en una escuela de Manhattan. También en este momento estoy tejiendo gorritos, zapatitos y mantas para la bebé de Caro (mi hija). Siempre confecciono estas prendas de tejer cada vez que me nace un nieto/a. Al primero, mi Justin bueno, le tejí un gorrito y la bandera de los Estados Unidos (una frazadita) porque nació en julio. A mi segunda nieta, mi adorada Jennie, le tejí un abrigo y una frazadita, siempre tejiendo, pintando o haciendo una artesanía.

A veces siento la nostalgia de los que se han ido, pero sobre la soledad leí de Marcela Lagarde lo siguiente: "La soledad es un espacio para el desarrollo del pensamiento propio de la afectividad, la soledad es un estado placentero de goce, de creatividad con posibilidad del pensamiento de duda, meditación, de reflexión, hacer de la soledad un espacio donde es posible romper el dialogo subjetivo interior con el otro. La soledad es un espacio necesario para ejercer los derechos autónomos de la persona y para no tener experiencias en las que participen de manera directa otras personas" termina la cita. Eso es para mi la soledad, siempre sacando lo mejor de ella. Luego les cuento mas, ah se olvidaba decirles que soy feminista porque la vida me enseño a ser autónoma sin saberlo.

CLAVE XI

"Para construir procesos autonómicos tenemos que tener múltiples estrategias porque son muchos los frentes de la dependencia, de la subordinación, de la enajenación de las mujeres. Para cada esfera, para cada ámbito de la vida tenemos que tener una estrategia particular,,,Hay que tomar en cuenta que una no puede dejar de ser lo que era, tiene que aprender a ser de otra manera si no, se crea un vacío existencial. Este es un principio ético feminista. El feminismo no tiene una filosofía de oposición, sino una política de alternativas. No luchamos contra el patriarcado, sino que luchamos a favor de una sociedad igualitaria. Luchamos por la deconstrucción del patriarcado y por la construcción de relaciones igualitarias" *Marcela Lagarde y de los Ríos. Cuadernos Inacabados, 48 Claves Feministas para mis socias de la vida*

MIRIAM MEJÍA

Mi nombre es Miriam Mejía Campos. Soy oriunda de Mao, Valverde pueblo hermoso que amo, ubicado en la Línea noroeste de Republica Dominicana, bien conocido como la ciudad de los bellos atardeceres. Mao es un vocablo indígena que significa tierra entre ríos. Ríos que hicieron la delicia de mi niñez. Soy hija de Elesia Campos una mujer fuerte, sabia y muy especial que recientemente nos ha dejado y al decir de mi hermana Bélgica "nuestra madre murió como vivió: en paz". A sus 95 años disfrutaba como una niña cuando degustaba un mango o un dulce de batata, le gustaba jugar dominó, ensalmar la matriz, el padrejón y preparar resguardos para la felicidad. Sus manos preparaban un "aguaji" mágico que curaba el "agilivio" estomacal. Mi madre tenía una virtud especial para arreglar sueños, lo que aprovechaba para jugar sus numeritos de la lotería porque según su parecer de la suerte y la muerte no hay quien se escape. Me padre Aníbal Mejía nos dejó hace ya un tiempo, fue sencillamente un padre ejemplar. Guardo recuerdos muy gratos de mi tiempo a su lado. Lo quiero mucho. Sé que desde donde está nos sigue sonriendo con amor. Mi hermano Napole murió hace un tiempo, lo extraño en cada uno de mis cumpleaños porque se jactaba de ser el primero en ese día en desearme felicidad. Su llamada siempre me despertaba temprano en la mañana con el mismo mensaje: "Porque siempre eres una novedad te quiero desear feliz cumpleaños". Mi hermana Iris fue la primera en dejarnos y con ella conocimos el dolor que causa la separación por la muerte. Me quedan dos hermanos buenotes y cinco hermanas muy especiales. Como en las mejores familias tenemos nuestros "tirijalas" pero en el camino hemos ido arreglando las cargas

Estudié Estadísticas y luego Sociología. Por muchos años me dediqué a la investigación en el área de la mujer. Fui militante de izquierda. Desde allí empezó mi interacción con grupos de mujeres. Mis convicciones acerca de un mundo más humano han guiado mi accionar en la vida. Soy feminista por convicción. Nunca he usado el de, pero por 31 años he compartido mi vida con Luis Álvarez un hombre bueno, solidario, diferente, siento orgullo de ser su compañera. Tenemos una hija adorable, cuestionadora como ella sola. Ella es Patricia (mi Patty) quien se gradúo en Diseño Gráfico y ya formó pareja y toda enamorada se fue de nuestro lado. Están con nosotros nuestros dos hijos, seres humanos muy nobles y trabajadores: Luis Ernesto quien estudió Ciencias de Computadoras y Luis Eduardo quien se graduó de Chef pero no le gustó y ahora estudia música.

En 1988 emigré con mis hijos a los Estados Unidos, pensando en regresar en un año, en dos, en cinco, en diez y ya llevo 21 viviendo lejos de mi país. La vida ha proseguido su agitado curso y cada vez me inquieta menos el aguijón del regreso. La vida me ha premiado con amigashermanas entrañables y con amigos solidarios y diferentes.

Me gusta bailar sola, acompañada en grupo, me da igual. Mi espíritu se eleva cuando bailo. Cooomeeer maaangos y dulce de batatas (lo heredé de mi madre) ¡que placer!. Me gusta el mar y sus oleajes (tantas veces como puedo me zambullo en sus salinidades y me auto-regalo el placer de un extendido chapuzón). Disfruto viajar a lo conocido (mi país) y a lugares nuevos, algo se ensancha dentro de mi con cada nuevo espacio conocido. Disfruto leyendo lo que sea y donde sea. Mi alma se alegra y se aligera cuando escribo, siempre ando con palabras arremolinadas en mi cabeza. He incursionado en la literatura con cinco libros. Me sintetizo en las siguientes palabras: soy hija con ausencias, hermana alegre, sobrina solitaria, prima conversadora, tía orgullosa, esposa compañera realizada, cuñada solidaria, nuera agradecida, madre completa, (estoy que me derrito por ser abuela), suegra tratable, comadre alejada, amiga compinche, socióloga cotidiana, escritora por placer, fotógrafa de puro gusto (mi hobby de juventud el cual he retomado con inusitada vehemencia, ando retratando hasta la respiración de todo lo que encuentro a mi paso y descargando las fotos en el entretenido Face Book). Disfruto mi trabajo en Alianza Dominicana (ya llevo 21 años como parte de su personal y es uno de mis orgullos) porque me permite asomarme a ventanas desde donde puedo ser cómplice de alternativas de apoyo a mi comunidad dominicana de Washington Heights en New York.

CLAVE XII

No le conviene al patriarcado la solidaridad entre mujeres. La solidaridad entre nosotras nos la hemos inventado nosotras. Y ésa sí tiene autoría feminista. Hemos sido las feministas la que lo hemos planteado como un problema crucial el enfrentar la insolidaridad entre mujeres. Y ponerle remedio. Este es un planteamiento muy reciente.

La sororidad* es el gran aporte del feminismo a la cultura contemporánea, a la cultura del nuevo siglo. La sororidad es la última de las grandes pautas del feminismo, que hoy ya empieza a ser retomada por grupos, movimientos y colectivos que se plantean establecer una nueva ética entre las mujeres.

En esta nueva ética entre las mujeres no hemos eliminado las causas de la competencia. Sin embargo, y a pesar de que subsisten esas causas, por voluntad o por libertad, decidimos no competir entre nosotras. Y esta decisión es una innovación en la cultura y la convivencia. Y tiene un principio posible, realizable, sencillo: para poder crear sororidad entre las mujeres basta que por un tiempo, por unos años, hasta que se vaya generalizando por todas partes, hasta que se vuelva costumbre, nos comprometamos a dejar de ser misóginas. Nada más basta eso.

Cada mujer se compromete a eliminar su propia misoginia**. No sólo se compromete a señalar cuán insolidarias somos, sino a revisar cuán insolidaria es ella y a construir la sororidad. Nosotras somos como las albañilas de la vida:

nos hemos dado cuenta del problema, pues a cambiar eso, ¡a transformar la vida!. Aún sin hacer algo a favor de esta nueva ética, basta simplemente con no ser misóginas. Sólo con eso ya se eliminarían un gran cantidad de injusticias de género y muchísimos daños. La propuesta para ésta etapa es solamente ésa: una ética en pro de la sororidad y para eliminar la misoginia.

Esta ética se acompaña de una estética, la estética de un buen trato entre nosotras. De tal manera que vayamos eliminando los malos tratos, la hostilidad, la hostilidad, la violencia entre nosotras. Si le pedimos al mundo que respete a las mujeres, asumimos que somos nosotras las primeras en respetarlas.

*"*La sororidad es un pacto político entre mujeres y tiene un sentido filosófico para enfrentar la opresión de género y cualquier otra forma de opresión sobre la tierra. Es un pacto que está basado en el reconocimiento de la diferencia. Pactamos porque somos diferentes y no porque pensamos igual. En el pacto decidimos qué hacemos con las diferencias y qué hacemos con las semejanzas. Qué podemos acordar y qué no podemos acordar. La sororidad es un pacto sobre la discrepancia, no sobre el común acuerdo"*.

**"*Misoginia quiere decir fobia hacia las mujeres y es una de las más sofisticadas formas culturales y sociales de representación de las mujeres y lo femenino. Se basa en un negativismo de lo femenino, en una desvalorización generalizada de todas las mujeres; en una descalificación, reprobación, rechazo a las mujeres y lo femenino. La misoginia es funcional al machismo, al androcentrismo, al sexismo y es resultado de que las mujeres hemos estado formadas a partir* *de una escala de valores donde el género femenino es considerado inferior; lo cual hemos aprendido a interiorizarlo. Todas las personas somos misóginas, pero en los hombres tradicionales la misoginia es una necesidad vital, es un asunto de sobrevivencia".*

VANESSA ORTEGA

Hola MUJERES!!!!! Quiero comenzar mi biografía un tanto diferente, planteando que a mis 22 años formé parte de un grupo de mujeres muy dinámico, y sobre todo de mucha identificación, a las que hice esperar mucho tiempo para conocer un poquito acerca de mi vida… Nací el 05 de diciembre del 1986, ¿la hora?, mi abuela era la encargada en esos detalles, y nunca me preocupé por aprenderla, porque siempre podía preguntarle a ella. Grave error, porque aquí estamos de paso. Son mis padres Luis Ortega quien es sin lugar a duda el hombre más importante en mi vida y el gordito que más deseos da querer. Mi madre Venecia Pineda, la que en este grupo no falta mencionar lo especial que es y sobre todo lo sabia. De mi niñez poco que contar realmente, la más pequeña de tres hermanos y al parecer yo un poco "fantasmal", por mi tranquilidad. Pero sobre todo creo, que más que ser tranquila, era que mis hermanos en especial mi hermana mayor era DEMASIADO extrovertida, je je je.

Residí alrededor de un año fuera del país cuando tenía 5 o 6 años, de lo que guardo muy pocos recuerdos y estas alturas, no estoy tan segura de cuales fueron reales y cuales fueron el producto de crear mi propio cuento de historietas. De vuelta a mi país, estudié en un colegio de monjas, lo cual me confirmó el que no me gusta estudiar con monjas y colegios unisex, ya que son una versión muy distorsionada de la realidad, de que somos hombres y mujeres conviviendo día a día. Luego estudié en un colegio técnico salesiano, del cual sí estoy muy agradecida y enamorada de su forma de enseñanza, me siento afortunada y diferente de crecer entre valores y calidad humana…

Como todos y todas he vivido momentos fuertes y otros placenteros. Pero creo que la transición que me resistía a vivir, el cambio de adolescencia a adultez lo enfrenté el año pasado, comprobando en la práctica lo que sabía en teoría, pero que una siempre se "hace la chiva loca" de que a una no le toca. El hecho de entender que mis padres no son inmortales, nunca creí mucho en Santa, ni en el "chupa cabras", pero la inmortalidad de mis familiares sí era para mi algo real, je je je. El diagnóstico de mi madre de cáncer en el seno, fue la primera vez que me di cuenta que perder a uno de mis padres era posible. No obstante, ese mismo diagnóstico fue capaz de hacerme a mi diagnosticarme de que no estaba disfrutando de los placeres de la vida que se encuentran en un día común y corriente, y sobre todo nos ha unido como familia. Me ha hecho valorar la fortaleza que tiene esa gran mujer que tengo el honor de que sea mi madre (para la envidia de muchos(as), je je je.

En resumida cuentas, en estos 22 años (lo cual creo me convierte en la más joven de éste grupo) he reído, he llorado, pero sobre todo he tratado de vivir y disfrutar. Al momento de redactar esta autopresentación, tengo menos de un mes que me gradué de Abogada y eso me hace sentir muy contenta. Sobre todo me hace sentir que terminé el capitulo introductorio de mi vida y que ahora es cuando me toca escribir el desarrollo.

Adoro el chocolate, no puedo dejar pasar la biografía para expresarlo y los pistachos, (estoy segura que Miriam eso lo sabe de sobra, je je je,). Adoro a mi familia y a los(as) amigos(as) que hacen que esta familia se vea más larga. A grandes rasgos esa soy yo Vanessa Emilia Ortega Pineda.

CLAVE XIII

"¿Cómo podemos afirmar nuestra autonomía sin dañar a otras personas? ¿Y cómo podemos aceptar que otros(*as*) afirmen su autonomía sin que nos dañen? Una pista es asumir la ética del auto-cuidado, que implica:

– Cuidarnos de nuestra disposición a ser oprimidas (servidumbre voluntaria).

– Cuidarnos de confundir los poderes con el poder de dominio.

– Cuidarnos de la violencia de los(*as*) otros(*as*) sobre nosotras, de la violencia de nosotras hacia los(*as*) otros(*as*) y de la auto-violencia. Para esto necesitamos desentrañar nuestros deseos destructivos y no legitimarlos. Esto no es fácil porque los deseos son siempre inconscientes y sólo se expresan al actuar, hablar, tener pesadillas, hacer chistes.

Necesitamos aprender a leer nuestros actos para saber cuáles son nuestros deseos. No creer que la libertad es la reivindicación de la realización de todos nuestros deseos. Personas sujetas a opresión que piensan de manera binaria, creen que la libertad consiste en hacer todo lo que podamos inventar.

La libertad empieza por poder distinguir los deseos destructivos de los creativos y reconocer que todas las personas tenemos deseos destructivos, que luego canalizamos y convertimos en ideologías y, a veces, hasta los convertimos en maneras de vivir. También necesitamos reconocer que nuestros deseos destructivos nos impiden transformar relaciones y finalmente se concretan en una capacidad de daño personal. Tenemos que aprender a identificar nuestros deseos y como actúan en nuestra vida. Deseo, quiero, puedo…Necesitamos saber cuales son los deseos que nos conducen a la centralidad de nuestro propio yo y a la realización de nuestro desarrollo personal. En el nivel de la consciencia, necesitamos identificar qué queremos, puesto que a veces queremos cosas que nos destruyen, que no nos dan libertad ni sosiego. Y luego poder construir la voluntad que nos permite no ceder a lo que reproduce la opresión, lo que reproduce la enajenación. Para eso hay que tomar en cuenta que el deseo es una experiencia inconciente y, en cambio, "lo que quiero" es a nivel de la conciencia".

Marcela Lagarde y de los Ríos. Cuadernos Inacabados, 48 Claves Feministas para mis socias de la vida

VENECIA PINEDA BLANCO

Nací en 1954, en la República Dominicana, específicamente en la provincia de Santiago de los Caballeros. Tiempo de dictadura. Mi país forma parte de la Isla del Caribe que compartimos con la República de Haití. Por alguna razón, en esta pequeña isla tenemos dos idiomas, cosa que no me gusta, pienso que fuera mejor tener el mismo idioma, pero la vida no es como uno quiere, sino como se presenta.

Mi padre fue comerciante (paquetero). Mi madre obrera de la confección de camisas. Tengo dos hermanos mayores que yo y una hermana menor. A muy temprana edad mi familia se trasladó para "la capital", Santo Domingo, porque mi madre decía que en Santiago sus hijos no podrían ir a la universidad. En Santo Domingo estudié en escuelas públicas y en la Universidad Autónoma de Santo Domingo hice la carrera de Sociología. Al terminar los estudios me fui a trabajar a la Región Sur, en particular a la provincia de Azua de Compostela, donde he vivido los mejores momentos de mi vida en el sentido pleno de la palabra. Me casé con Luis Ortega, tenemos dos hijas, Rosa Anayma y Vanessa Emilia y un hijo Luis Isidro. Tengo una nieta que me dice Muchacha, su nombre es Laura.

Me gusta leer, y "vainiar", es decir hacer cosas que no son importantes. Ahora estoy haciendo un curso de Chi Kun y estoy muy entusiasmada. Me hicieron una mastectomía, con pronóstico desfavorable. Me encanta conversar con mis amigas, pero a decir verdad, todas están muy ocupadas. Me gusta la canción " Un viejo amor no se olvida ni se deja, un viejo amor de nuestra alma si se aleja pero nunca dice adiós"... mi madre lo cantaba tanto que se quedó en mi mente y siempre la canto. He tenido momentos de mucha felicidad y de no felicidad.

Desde muy joven trabajé tanto en la casa como fuera de ella, en la casa en labores domésticas y en lo público como maestra de primaria. Me encantaba compartir con los y las pequeños/as. Luego en la Universidad empecé a trabajar en estudios sociales, fundamentalmente como encuestadora, junto a dos queridas amigas que me enseñaron tanto sobre como vivir de forma alegre y comprometida. Un hermoso recuerdo de esa experiencia fue que un día en el parque de un pueblo donde estábamos haciendo una encuesta y mis dos queridísimas amigas se pusieron a actuar como borrachas en un parque donde todo el que pasaba las veía… ellas gozaban y gozaban y yo llena de vergüenza ajena, sufría y sufría, entonces les dije de forma muy seria- "es que a ustedes no les da vergüenza estar haciendo ese show…".¡oh Dios mio! ellas se rieron de mí a carcajadas y yo desesperada me fui al hotel... Esta anécdota fue un post grado existencial, agradezco a esas dos amigas ayudarme a romper con una rigidez que mata.

CLAVE XIV

"Necesitamos desmontar lo que nos queda de machismo. Ese es uno de los males que más atenta contra el desarrollo de las mujeres y, obviamente, contra el desarrollo de la lideresas. Y aquí apelo a que reconozcamos qué tan machistas somos, en qué somos machistas, y que asumamos un compromiso ético de dejar de serlo. Debemos desmontar nuestra concienía machista del mundo y del universo.

El machismo consiste en la exaltación de los hombres y de lo masculino, en la creencia de la supremacía natural de los hombres o en las acciones que los colocan en posiciones de supremacía –hago la diferencia porque a veces no creemos en la supremacía de los hombres pero hacemos cosas que los colocan en esa posición–; entonces, a veces nuestra conciencia está en otra parte, pero nuestros hechos demuestran lo contrario.

La supremacía masculina como un valor positivo. exaltado y venerado es parte de una cultura machista que hemos aprendido las mujeres. Otro aspecto importante del machismo es la exaltación de valores patriarcales en los hombres como si fueran la única forma de masculinidad posible. Por ejemplo, creemos que son así, que están echados a perder, que así nacieron desde el principio de la historia y así serán; pero no es natural, no es eterno, no es una fatalidad y tampoco es una virtud. El machismo se caracteriza también por la exaltación de formas de violencia, de fuerza dominadora; la bravuconería, por la exaltación de actitudes retadoras y temerarias, por el uso y abuso del poder….Entonces debemos desmontar el machismo en nosotras, en el lenguaje, en las actitudes y los hábitos; por lo tanto no podremos contar chistes sobre las mujeres, sobre los homosexuales, los negros, los gallegos y los yucatecos. El desmontaje del machismo es importante a tal grado que puede significar, incluso, un cambio en el sentido del humor, y éste es uno de los aspectos de la cultura en que la dominación se legitima lúdicamente. Tendremos que desarrollar otro sentido del humor y usar nuestra risa en otras cosas." *Marcela Lagarde y de los Ríos. Cuadernos Inacabados, 48 Claves Feministas para mis socias de la vida*

BIENVENIDA RODRÍGUEZ

Mi nombre es Bienvenida Rodríguez Sepúlveda, nací en Villa Consuelo, un barrio lleno de olores y sonidos citadinos en la capital dominicana. Mis padres se fueron y yo me quede con sus gratos recuerdos. Mi madre, Francisca Sepúlveda (Doña Pancha), a pesar de haber alcanzado un bajo nivel escolar era adicta a la lectura (periódicos y revistas), coleccionaba artículos de acontecimientos acaecidos en el país. Era aficionada a las plantas. Mi padre, Diómedes Rodríguez Maldonado, adoraba a mi madre, desempeñó funciones que conllevaban traslados a distintos lugares del país (inspector de educación y periodista), de ahí que tuvieron 10 hijos (7 mujeres y tres varones), en 5 pueblos distintos. Todas y todos vivimos, menos un varón, que murió de 6 meses. Era batallador, luego de mi nacimiento (#7) ingresó a estudiar Derecho, cuando la UASD era Universidad de Santo Domingo. A pesar de no concluir la carrera, nos abrió las puertas para que de 9 hijos, 6 egresáramos de la UASD y 2 de otras universidades. Además de ser jefe de redacción de los periódicos El Tiempo y la Nación, tenía como pasatiempo hacer los horóscopos para un periódico dominicano, editar una revista de Gallos y tirarnos fotos desde que nos levantábamos.

Mi hobby era estudiar. Además de estudiar Estadísticas y Demografía, abracé la carrera de Economía y Sociología, de las cuales hice varios semestres, sin llegar al final, pero contribuyeron a fortalecer mis funciones como investigadora, llegando a publicar varios estudios sociodemográficos y de salud. Me gusta la lectura, la televisión y navegar en la Internet. También me gusta escribir. Cuando mis padres fallecieron me tocó escribir los recordatorios que se obsequiaron en los nueve días.

Tengo 22 años ocupando cargos de dirección, librando batallas silenciosas (sin armas) para lograr respetar mis derechos como mujer y que se respete y acepte mi rol de jefatura. Me casé enamorada y me divorcié a los 10 años, vacía de afectos. De esa relación me quedan dos amores ciegos, mi hija Jeimy Carolina y mi hijo Jimmy Alberto. Jeimy es muy independiente, se graduó de Diseño Gráfico. Tienes dos aficiones muy costosas, los animales, principalmente los peces y las orquídeas, las cuales cultiva con fines comerciales. Alberto es más joven, es bien tímido y estudia Derecho. Todavía están conmigo.

Tengo un dilema, porque a pesar de yo desear tener nietos y nietas, como los crié sola, me acostumbre a ellos y quisiera que nunca se fueran del hogar. Sin embargo estoy consciente que tienen derecho a su independencia. Soy feminista. Lo poco que he leído de Marcela, me obliga a concluir, que sin darme cuenta estaba haciendo uso de claves feministas necesarias para poder alcanzar la mayoría de las metas, por no decir todas, las que me he trazado. De ahí que me siento comprometida a tomar a Marcela como maestra.

Nací de pié, con una comadrona, por lo que mi papá me decía que iba a ser una mujer de suerte. Parece que sí, por todo lo que encuentro que yo he logrado y porque finalmente les diré que luego de haber tenido mi hija y mi hijo, hace 20 años me diagnosticaron Esclerosis Múltiple y es apenas alrededor de los últimos cinco años que me ha afectado sin obstaculizar mi independencia, en términos de movilidad. Para las que no saben, la esclerosis múltiple (EM) es una enfermedad desmielinizante, neurodegenerativa y crónica del sistema nervioso central. No existe cura y las causas exactas son desconocidas. Puede presentar una serie de síntomas que aparecen en ataques o que progresan lentamente a lo largo del tiempo. Pero ahí estamos, ella y yo somos dos hermanas. Esa soy yo Bienvenida.